Arnold L. Lieber

Guter Mond, böser Mond

Arnold L. Lieber

Guter Mond, *böser* Mond

Geheimnisvolle
Kräfte bestimmen
unser Leben

Aus dem Amerikanischen
von Hermann Kusterer

ECON

Titel der englischen Originalausgabe:
»How the Moon Affects You«
Originalverlag: Hastings House
Übersetzt von Hermann Kusterer

Die Deutsche Bibliothek – CIP-Einheitsaufnahme

Lieber, Arnold L.:
Guter Mond, böser Mond : geheimnisvolle Kräfte bestimmen unser Leben / Arnold L. Lieber. Aus dem Amerikan. von Hermann Kusterer. – Düsseldorf : ECON, 1997
ISBN 3-430-16058-8

Der ECON Verlag ist ein Unternehmen der
ECON & List Verlagsgesellschaft

Lektorat: Bettina Eltner
Umschlaggestaltung: Lambert + Ott, Düsseldorf
Umschlagfoto: ZEFA/Daryl Benson
Gesetzt aus der Bembo, Linotype
Satz: Josefine Urban – KompetenzCenter, Düsseldorf
Papier: Papierfabrik Schleipen GmbH, Bad Dürkheim
Druck und Bindearbeiten: Pustet, Regensburg
Printed in Germany
ISBN 3-430-16058-8

Inhalt

Vorbemerkung

Es gibt Erscheinungen im Leben, deren Sinn uns verschlossen bleibt oder den wir nur vage erahnen. Kraftfelder tun sich wie zufällig und scheinbar zusammenhanglos kund. Seit Jahrtausenden spüren wir den Einfluß des Mondes auf unser Leben, aber erst jetzt ist es der wissenschaftlichen Vernunft gelungen, seine Ansätze auszuloten.

Ein Großteil der Fakten in diesem Buch ist neu. Sie stammen aus einer Vielzahl wissenschaftlicher Disziplinen und erhellen die subtilen Wirkungen des natürlichen Umfelds auf das Leben der Menschen. Die Aufgabe bestand darin, ihr Grundmuster herauszufinden. Die *wirklichen* Vorgänge zeichnen sich erst zaghaft ab.

Der Mond wiegt 73 500 000 000 000 000 000 Tonnen (73 500 Trillionen Tonnen oder $7{,}350 \times 10^{25}$ g, wenn Ihnen das lieber ist) und umkreist die Erde in einer mittleren Entfernung von 384 405 Kilometern.

Manche Menschen glauben immer noch, er übe auf unser Leben nicht die geringste Wirkung aus.

In diesem Buch begegnet der Leser ein paar interessanten Leuten, die faszinierende Entdeckungen gemacht haben. Die Untersuchung reicht von Tierbeobachtungen im Labor über die Sammlung weltweiter Wetterdaten bis zum Zusammenhang von Gewaltausbrüchen mit den Mondphasen. Unsere

Odyssee führt uns vom Weltraum bis zu den nur teilerforschten Funktionen des menschlichen biologischen Systems. Schicht um Schicht blättern wir das Geheimnis des Unbekannten auf.

In der Welt des Menschen ist der Mond seit jeher allgegenwärtig.

Im Zusammenspiel mit der Sonne war er eine mächtige Kraft der Evolution. Er beeinflußt sogar Verhaltensmuster. Er ist bei der Zeitberechnung unserer natürlichen Lebenszyklen behilflich. Das »riesige Käserad« ist ein wichtiges Bindeglied zwischen Mensch und Kosmos.

Was also hat er uns zu sagen? Schon Shakespeare schrieb: »Denn unser Glück, die wir Leute des Mondes sind, hat seine Ebbe und Flut, wie die See, da es, wie die See, unter dem Monde steht« (*König Heinrich IV.*, Erster Teil).

Meine eigene Forschung hat Daten über Mondeinflüsse auf das Gewaltgebaren »zutage« gefördert, die für die Psychiatrie, die Medizin und die Verhaltensforschung nicht ohne Folgen sind. Auch nicht für das gewöhnliche Alltagsleben. Wer dieses Buch gelesen hat, wird anders über sich denken als zuvor.

Meinen Sie etwa, Ihre Haut schirme Sie vom Universum ab? Oft tut sie das nicht. Für viele kosmische Kräfte stellen wir absolut keine Barriere dar; sie gehen durch uns hindurch. So handelt dieses Buch nicht von dem, was uns vom Universum trennt, sondern ganz im Gegenteil von unserer Kontinuität mit ihm.

Arthur Koestler hat uns daran erinnert, daß einer der Mitbegründer der neuen Universumsidee – der Astronom und Naturgesetzverfasser Johannes Kepler[1] – mehrere ernsthafte

[1] Der andere war Tycho Brahe. Als Johannes Kepler im Februar 1600 nach Prag kam, schickte ihm Brahe ein Entschuldigungsschreiben: eine bevorstehende Opposition von Mars und Jupiter mit anschließender Mondfinsternis hindere ihn leider, ihn persönlich zu begrüßen.

Astrologieabhandlungen schrieb, in denen er einigen Theologen, Physikern und Philosophen ins Gewissen redete. Wenn sie auch zu Recht den Aberglauben der Sternengucker ablehnten, sollten sie sich doch hüten, das Kind mit dem Bade auszuschütten.

»Denn am sichtbaren Himmel gibt es oder geschieht nichts, was die Kräfte der Erde und Natur nicht auf *verborgene* Weise spürten ...«

Leser der ersten 1978 unter dem Titel *The Lunar Effect* veröffentlichten Fassung dieses Buches haben es einen Krimi der wissenschaftlichen Entdeckung genannt. Das darin enthaltene Material ist ja tatsächlich atemberaubend. Doch sollte man sich an Sherlock Holmes' Mahnung erinnern: »Hat man erst das Unmögliche aussortiert, dann muß, was übrigbleibt – und sei es noch so unwahrscheinlich – die Wahrheit sein.«

Bei der ursprünglichen Forschung, die zur biologischen Gezeiten-Theorie führte, stand mir Dr. phil. Carolyn R. Sherin zur Seite.

Auf der weiteren Entdeckungsreise steuerten zahlreiche Wissenschaftler und Techniker ihre Zeit, ihr Talent und ihre Hilfsmittel bei; dankbar nenne ich: Dr. med. Joseph H. Davis, ärztlicher Leichenbeschauer von Dade County; Dr. med. Lester Adelson, Untersuchungsrichter für gewaltsame Todesfälle in Cuyahoga County; den verstorbenen Dr. med. Milton Helprin, ärztlicher Leichenbeschauer der Stadt New York; den Meteorologen Thomas Carpenter von der National Oceanic and Atmospheric Administration; den Astronomen Douglas Duke von der Universität Miami; den Astronomen Fred Haddock von der Universität von Michigan; den Computerfachmann Richard Sherin; den Forschungsassistenten Dr. med. Mitchell Manin; nicht zuletzt Lois Armstrong.

Meine Forschung wurde mit einem Zuschuß von United Way in Dade County, Florida, gefördert.

Bei den Forschungsarbeiten und beim Schreiben des Buches war mir Jerome Agel behilflich, der mit der Idee für dieses Buch an mich herantrat.

Mich fasziniert, was Colin Wilson über die Veröffentlichungsgeschichte von Robert Graves' Buch über den Mond, *The White Goddess*, schreibt: »Auch als das Buch fertig war, geschahen weiterhin seltsame Dinge. Der erste Verleger, der das Manuskript abgelehnt hatte, starb kurz darauf an Herzversagen. Ein zweiter verwarf es mit einem groben Brief, in dem stand, er könne nicht erkennen, wo da hinten und vorne sei, und zweifle, ob es sonst jemand könne; dieser legte Frauenunterwäsche an und erhängte sich an einem Baum in seinem Garten. Demgegenüber, sagte Graves, habe der Verleger, der es annahm – T. S. Eliot –, nicht nur Gewinn gemacht, sondern im selben Jahr auch noch den Verdienstorden bekommen.«

Wer sich eingehender mit den hier beschriebenen Phänomenen befassen will, dem mag die Bibliographie am Ende des Buches von Nutzen sein.

A. L. Lieber, M. D.
Miami, Florida
Februar 1996

Es gibt Gezeiten auch für unser Tun ...

William Shakespeare, *Julius Cäsar*, IV, 3

Ich hege keinen Zweifel, daß der Mond auf das menschliche Verhalten einwirkt.

Carl Sagan

In der Erinnerung des Menschengeschlechts hat der Mond eine schlechte Presse; der Mondsüchtige ist einer, der es zufällig besser weiß.

The New Yorker

Das mit dem Mond ist so: Du kriegst das große Schaudern. Hab' ich vielleicht nicht recht? Dreckwasser läßt er silberblinken, aus Schlick und Schlamm macht er gleich Kronjuwelen, und arme Kümmerlinge in ihrem Wolkenkuckucksheim halten sich plötzlich für Napoleon oder Goethe.

Marlow im TV -Spiel von Dennis Potter,
The Singing Detective

1
Mond, Mythos und Kultur

> Vor fünfhundert Millionen Jahren berief der Mond
> das Leben aus dessen erster Heimat, dem Meer,
> und führte es aufs leere Land. Denn wie er die
> Gezeiten quer über die unfruchtbaren Kontinente
> der Ur-Erde zog, setzte ihr täglicher Rhythmus die
> Geschöpfe der Untiefen der Sonne und der Luft aus.
> Die meisten gingen unter – doch einige paßten sich
> der neuen und feindseligen Umgebung an. [...]
> Was Wunder, daß das Drama eines Raketenstarts
> unsere Gefühle so tief erfaßt. Die abhebende Rakete
> ruft Instinkte wach, die älter sind als die Vernunft...
>
> Arthur C. Clarke

In der Geschichte des menschlichen Bewußtseins hat sich der Mond fast durchweg als geheimnisvolles und mächtiges Wesen dargestellt. Er wurde verehrt, gefürchtet und befragt.
Für unsere Vorfahren stand die Macht des Mondes außer Frage. Sie waren sehr naturverbunden und stellten fest, daß gewisse Lebensrhythmen im Einklang mit den Wechselphasen des Mondzyklus standen. Der Mensch von heute hingegen behandelt den Mond respektlos. Viele Naturwissenschaftler sehen in ihm nichts anderes als einen großen grauen Asche-

haufen am Himmel. Der Beleidigung fügten wir gar noch Unbill hinzu, denn wir spazierten ungeniert auf ihm herum.

Doch unsere Vorfahren besaßen ein Wissen.

Die gespenstische Macht, die die alten, vorwissenschaftlichen Weisen unserem nächstbenachbarten Himmelskörper zuschrieben, läßt sich nun auf wissenschaftliche Erkenntnisse gründen.

Mehr und mehr entdecken wir, daß unser einziger natürlicher Trabant auf Empfindungen, Gesundheit, Sicherheit und Verstand einen alles durchdringenden Einfluß ausübt. Aus laufenden Untersuchungen wird ersichtlich, daß der Mond etwas mit menschlicher Gewalt und Fruchtbarkeit zu tun hat. Er ist Mond der Liebenden und Killer-Mond zugleich.

Der Mond verändert die Chemie unseres Körpers. Der Mond hat uns in sehr realem Sinne im Griff.

Die uralte Weisheit vom Mond und seiner Macht läßt sich nicht länger als Aberglaube abtun. So sind wir es uns schuldig, näher hinzusehen.

Es ist einfacher, ein ganzes Wissen pauschal zu verwerfen als die Gültigkeit seiner Konzepte nachzuprüfen, schon gar, wenn es sich um Vorstellungen handelt, die für viele lediglich »Altweiberlegenden« sind. Die Trennlinie zwischen Fakt und Fantasie ist schwer zu definieren, kaum auszumachen. Neuere Untersuchungen haben erstaunliche Ergebnisse gezeitigt, und heute noch geltende Wissenschaftsdogmen können sich durchaus als bloß zeitweiliger Mythos erweisen.

Fast ein Jahrhundert bevor Isaac Newton die Gesetze der universellen Schwerkraft formulierte, bekräftigte der Begründer der modernen Astronomie Johannes Kepler (1571–1630), der Mond verursache die Gezeiten der Meere. Wie, konnte er freilich nicht erklären. Er vermochte noch nicht die Verbindung zwischen Wirkung und Ursache herzustellen. Galilei, der hochangesehene Sternkundler seiner Tage, verwarf Keplers Theorie als »astrologischen Unsinn«. Nun war Kepler ja auch zugleich Astrologe, der Horoskope entwarf, die Leib und Seele beisammenzuhalten helfen sollten.

Zur Zeit Keplers waren nur wenige in der Lage, die Astrologie von der Astronomie zu trennen. Zu diesen wenigen gehörte natürlich Galilei, und da er die Astrologie pauschal ablehnte, glaubte er auch nicht an den Einfluß des Mondes. Nachdem er die Grundlagen der modernen Dynamik – der Wissenschaft von beweglichen Körpern – gelegt hatte, war er der Meinung, die Gezeiten würden von Unregelmäßigkeiten der Erdbewegung verursacht. Der ein Jahr nach Galileis Tod geborene Newton erklärte dann die genaue Wirkung des Mondes auf die Gezeiten. Was einst als Astrologie galt, ist heute ein Grundprinzip der Astronomie.

Donnes Wort, daß »kein Mensch eine Insel ist«, gilt für alle Phänomene im Universum. Alles hängt zusammen, auch wenn wir nicht immer den Finger auf die Verbindung legen können.

Manche Ärzte richten ihren Terminkalender so ein, daß sie bei Vollmond mehr Patienten behandeln können. Dr. Allan Cott, ein prominenter New Yorker Psychiater, ließ mich wissen, er und seine Mitarbeiter in der Klinik, in der er arbeitet, könnten plötzliches erratisches Patientenverhalten nur so erklären, daß es vom Mond »ausgelöst« werde. Er hat festgestellt, daß Telefonanrufer bei Vollmond zu grober Rücksichtslosigkeit neigen.

»So richtig aufsässig werden die Quälgeister bei Vollmond«, sagte mir der Kongreßabgeordnete für Massachusetts, Gerry Studds. »Wenn ich meine Sekretärin frage, welcher Art die Telefonanrufe seit gestern waren, dann lautet ihre Antwort bei Vollmond jedesmal: ›Ach, das übliche verrückte Zeug.‹«

Bislang ließ sich die Auffassung des Krankenhauspersonals,

daß sich die Patienten bei Vollmond übertrieben verhalten, wissenschaftlich noch nicht konkret belegen. Aber die persönlichen, empirischen Beobachtungen des Personals von Notaufnahmestationen und psychiatrischen Abteilungen deuten darauf hin, daß der Mond im Verhalten normaler *und* geistig verwirrter Menschen eine Rolle spielt.

Die Mitarbeiter von Einrichtungen für geistig Zurückgebliebene, Alkoholiker und Drogenabhängige haben mich ihre mit dem Mond zusammenhängenden Erfahrungen wissen lassen.

Ein Ambulanzfahrer von der Lower East Side in New York sagt, in einer Vollmondnacht sei auf den Straßen immer mehr los. »In solchen Nächten häufen sich Gewaltverbrechen und Unfälle gewaltig.«

Vernon Fox, Professor für Kriminologie an der Florida State University, hat ähnliche Erfahrungen gemacht. In seinem Unterricht äußerten die Polizeibeamten die Meinung, bei Vollmond steige die Verbrechensrate. Diese Auffassung war das Ergebnis persönlicher Wahrnehmung und Beobachtung.

Ein ehemaliger Polizeichef von San Francisco erklärte, »die meisten Mitarbeiter mit nennenswerter Erfahrung sind anhand ihrer empirischen Erkenntnis überzeugt, daß zwischen den Mondphasen und dem Menschenverhalten tatsächlich eine *Beziehung* besteht«.

Ein Friedensrichter in Kingsland, Georgia, meint in seiner mehrjährigen Amtszeit ein Eheschließungsmuster entdeckt zu haben: »Bei Vollmond nimmt die Häufigkeit zu.«

Der Glaube, daß der Mond auf das menschliche Verhalten einwirkt, ist keineswegs ein Aberglaube irgendwelcher Idioten. Er wird vielmehr von erfahrenen und gebildeten Menschen geteilt, die in der Öffentlichkeit tätig sind.

Die Wirkung des Mondes auf das Leben ist auch nicht auf seltsames oder abartiges Gebaren beschränkt. Sie ist weit verbreitet, und manche haben sich die vorhersehbaren Wirkungen schnell zunutze gemacht. Jägern und Fischern bringt der Mond reiche Beute. Die Erfahrenen richten ihren Fischfang seit jeher nach den Mondphasen. Manche Fische beißen bei Vollmond an; andere während der Mondviertel. ANGLER SCHWÄRMEN BEI VOLLMOND NACH MONTAUK, lautete die Schlagzeile eines Artikels der New Yorker *Daily News* über Freiluftvergnügungen.

Daß Meerestiere vom Mond am stärksten beeinflußt werden, dürfte nur natürlich sein, sind doch die vom Mond verursachten Gezeiten für sie eine gewichtige Umweltkraft. Ich glaube, daß gewisse Fischarten während bestimmter Mondphasen eine erhöhte Stoffwechseltätigkeit entfalten; aufgrund dieses verstärkten Stoffwechsels verbrennen sie mehr Energie und werden somit hungriger. Natürlich beißen sie dann auch häufiger an und schnappen ungefähr nach allem und jedem.

In der Gegend von Miami, wo ich wohne und praktiziere, schwärmen die Shrimps-Fänger bei jedem Vollmond buchstäblich aus. Zu dieser Zeit steigen die Garnelen mit Sicherheit an die Oberfläche, um sich Nahrung zu holen. Ganze Familien sitzen dann mit ihren Netzen dichtgedrängt auf den Brücken und fangen tonnenweise Shrimps.

In Tieruntersuchungen wurde nachgewiesen, daß die Körperbetätigung, der Stoffwechsel, die Aggression und das Sexualverhalten vieler Arten bei Neu- und Vollmond drastisch zunehmen. Raubtiere, Wölfe zum Beispiel, sind bei Vollmond besonders aktiv, eine Tatsache, die jeder Trapper kennt.

Mittlerweile gibt es eine ganze Wissenschaftsliteratur über den Einfluß der Sonnen- und Mondzyklen auf das Säen und Stekken, das Wachstum und die Ernte von Pflanzen. In vielen Teilen der Erde, auch in Amerika, gibt es Bauern, die seit jeher nach den Mondphasen pflanzen. Diese Praxis wird von Agronomen ebenso ernstgenommen wie von traditionellen wie modernen Bauern. Volksglaube und wissenschaftliche Erkenntnis finden immer mehr zusammen. Bauernalmanache enthalten mondbezogene Pflanz- und Erntehilfen.

Der Verfasser des (1792 gegründeten) *The Old Farmer's Almanac*, C. R. Trowbridge, schrieb mir, daß Pflanzen mit oberirdischer Erntefrucht bei zunehmendem Mond anscheinend schneller wachsen, während wurzelgeerntete Pflanzen bei abnehmendem Mond besser gedeihen.

Angesichts der Beispiele des Mondeinflusses in so vielen Alltagsbereichen müssen wir uns fragen: Steckt in den Altweiberlegenden nicht doch ein Stück Wahrheit? Meine Forschungsarbeiten über den Mond und die menschliche Aggression haben den Nachweis erbracht, daß sie meist etwas Substantielles enthalten.

Die Vorstellungen und Traditionen über die Macht des Mondes auf das Leben erklären kaum einmal, *wie* die diversen Effekte eintreten; die Frage nach den Ursachen läßt sich noch nicht abschließend beantworten. Selbst der Ursprung unseres Brudergestirns am Himmel ist noch geheimnisumwoben. Einige Wissenschaftler meinen, der Mond (Durchmesser 3476 Kilometer; Gewicht 73 500 000 000 000 000 000 Tonnen) sei aus der Erdoberfläche herausgeschleudert worden und habe das jetzt wassergefüllte Riesenloch namens Pazifischer Ozean hinterlassen. Tatsächlich weist der Mond etwa dieselbe Dichte auf wie die Felsoberfläche der Kontinente – des herausgeschleuderten Teils also. Doch welche kataklysmische Kraft könnte ein so weltzerreißendes Ereignis bewirkt haben? Bislang hat niemand mit einer vernünftigen Antwort aufwarten können.

Eine andere Denkschule über den Ursprung des Mondes – ihr Bannerträger ist der häretische Kosmogon Immanuel Velikovsky – behauptet, die Erde habe den Mond *eingefangen*. Doch wenn der Mond einst ein Planet war und an der Erde vorbei-

kam, woher stammte er dann? Wie wurde er eingefangen? Warum fiel er nicht auf die Erde?
Wie immer er dahinkam, wo er sich befindet – in einem mittleren Abstand von 384 405 Kilometern vom drittgrößten Planeten der Sonne –: der scheinbar schwankende Mond beeinflußt die Aktivität der Erde. Wie können wir uns der Frage nähern, wo und wie der Mond in unser Leben tritt? Wo sollen wir anfangen?
Die – wie wir sie einmal in Anlehnung an die »Folklore« nennen wollen – »Mondlore« gibt es überall auf der Erde. In der Geschichte ist sie wieder und wieder erzählt worden. Der Mythologe und Dichter Robert Graves schreibt, im ganzen europäischen Raum habe einst der Mondgöttinnenkult geherrscht und sei erst später durch Patriarchalreligionen – erst die heidnischen, dann die christliche – ersetzt worden. Wie ausdauernd die Verehrung des Mondes betrieben wurde, ist daraus ersichtlich, daß sie – manchmal in seltsamer Kombination mit der christlichen Verehrung – überlebt hat. Ein Historiker »hat festgestellt, daß noch die ›wilden Iren‹ vor dem Neumond niederknieten und das Vaterunser beteten«. Manchmal spielte die Mondverehrung manchen Leuten übel mit. So schreibt der Historiker Keith Thomas: ». . . 1453 wurden ein Metzger und ein Landarbeiter von Standon, Hertfordshire, in aller Form angeklagt, weil sie behaupteten, außer Sonne und Mond gebe es keinen Gott.«
In solchen Glaubensansichten schlägt sich eine Naturweltordnung nieder. Nach der indischen »Mondlore« verschärfen sich Krankheiten bei Voll- und Neumond, und wen sie sehr schwer befallen habe, der müsse an diesen Tagen wahrscheinlich sterben.
Die Inder kamen zu der Feststellung, während bestimmter Mondphasen würden diverse Insekten- und Kriechtierarten giftig. Desgleichen glauben sie, einige Heilkräuter besäßen

während bestimmter Mondphasen größere Heilkraft als sonst. Die Einnahme eines bestimmten Krautes bei Vollmond soll gegen Asthma wirken. (Im 10. Kapitel werden wir sehen, wie sich die moderne Psychiatrie bei bestimmten Medikationen auf einen kosmischen Zeittakt zubewegt.)

Ein signifikantes Kapitel der »Mondlore« ist die Verbindung zwischen Mond und Geisteskrankheiten. So ergab sich in einer Studie des Christian Medical College von Vellore, Indien, daß 58 Prozent der Bevölkerung überzeugt sind, der Mond beeinflusse Geisteskrankheiten; mindestens 10 Prozent suchten zu deren Behandlung immer noch eine Hexe auf. In Island heißt es, wenn eine Schwangere sich mit dem Gesicht zum Mond setze, werde ihr Kind mondsüchtig. In Brasilien verstecken die Mütter ihre Neugeborenen, damit ihnen das Mondlicht nicht schaden kann. Eine Studie in den Vereinigten Staaten läßt anklingen, Anfälle manischer Depression könnten von der Mondzeit ausgelöst werden.

Die Macht des Mondes betrifft oft die dunkleren Seiten der menschlichen Seele. Galt die Mondgöttin auch als wohltuend und als Quelle der Fruchtbarkeit, so dürstete sie doch zugleich nach Blut. Anat, die Mondgöttin des phönizischen Mythos, geriet oft in Rage und mordete aus schierer Lust. An Blutrünstigkeit unübertroffen war Kali Ma, die dunkle Mondgöttin der Hindus. Die als »schwarze Mutter« bekannte Göttin trug Leichen als Ohrringe, und ihr grausiges Halsband bestand aus Menschenschädeln. Im griechischen Mythos war der Mond nicht nur die keusche Göttin Diana, sondern gleichzeitig die schreckniserregende Hekate, die dem Sturm gebot und Patronin der Hexen war. Das Hekate-Fest begehen wir übrigens immer noch: den Spukabend Halloween.

Wie ihre Mythen offenkundig belegen, wußten die alten Gesellschaften um die Verbindung zwischen Mond und Gewalt. Diesen Zusammenhang finden wir in der ganzen

Welt in Form der Werwolf-Legende. Wo immer je Wölfe streiften, erzählen sich die Menschen Schauergeschichten von Männern und Frauen, die Wolfsgestalt annehmen und Vieh und Menschen anfallen. Zwar wird die echte physische Verwandlung von den meisten Menschen bezweifelt, aber wir sollten bedenken, daß einer so weitverbreiteten Legende eine wichtige Kultur- und Verhaltenswahrheit innewohnen muß. Außerdem beruht eine gewisse Verwandlung des Erscheinungsbildes von Menschen bei Vollmond auf einer sehr realen physiologischen Basis (Näheres s. Kapitel 7).

Da die Werwolf-Legende von Mond und Gewalt handelt, lieferte sie einen passenden kulturellen Hintergrund für meine Untersuchung der lunaren Periodizität im menschlichen Aggressivverhalten. Die meisten Naturwissenschaftler lehnen das Werwolf-Syndrom als Untersuchungsgegenstand rundweg ab, weil sie allem, was mit magischer Verwandlung zu tun hat, voreingenommen gegenüberstehen. Behandelt wurde das Thema von einigen Historikern, Psychologen und Anthropologen, weil sie erkannten, wieviel Bedeutsames es vom Verhältnis des Menschen zu seiner natürlichen Umgebung offenbart.

Von ihnen erfahren wir, daß die Lykanthropie – die wahnhafte Verwandlung des Menschen in einen Wolf – als Form eines vom Mond bewirkten Irrsinns galt. Die Römer glaubten, die gespenstische Metamorphose könne eintreten, wenn jemand die Mondgöttin erzürnte. Ihren Ursprung dürfte die Verwandlungstheorie in irgendeiner Form der Mondverehrung gehabt haben, die in der archaischen Gesellschaft wahrscheinlich universell war. Schamanen und Hexenmeister nahmen in ihren Riten stets die Form von Totem-Tieren an. Daher rührt vermutlich die Lykanthropie, denn der Wolf war ein wichtiges Totem-Tier.

Eine faszinierende Theorie hat der Psychologe Robert Eisler

mit der Spekulation vorgetragen, die Werwolf-Legende datiere aus der dunklen Vergangenheit, als der Mensch das Jagen lernte. Man darf mit ziemlicher Sicherheit annehmen, daß unsere fernen Vorfahren nahrungssammelnde Vegetarier waren und erst in einem späteren Entwicklungsstadium zu Jägern wurden. Den Übergang zum Jagen hat womöglich eine Umweltveränderung bewirkt, vermutlich das Einsetzen einer Eiszeit. Mit dem Vorrücken der Gletscher wurde die pflanzliche Nahrung knapp, so daß die blutige, tückische, gewaltsame Jagd notwendig wurde. Hat diese Entwicklung auf den Frühmenschen als traumatisches Erlebnis gewirkt?

Als der Mensch von den Umständen zur Jagd – nach Art des Wolfes – gezwungen wurde, geriet er in Wettstreit mit diesem Tier.

Mensch und Wolf lauerten beutegierig Rentierherden auf und entwickelten gegenseitige Achtung für ihre jeweiligen Jagdmethoden und -fähigkeiten. Damit wurde es unvermeidlich, daß Schamanen in Nachahmungszauberzeremonien an den Kräften des Wolfes teilhaben wollten. In diesen Riten sollte sich der Schamane symbolisch in einen Wolf verwandeln und sich so die wertvollen Kenntnisse dieses Tieres aneignen.

Das Verhältnis funktionierte auch umgekehrt. Wölfe folgten den Lagern der Menschen und durchstöberten ihre Überreste auf der Suche nach Nahrung. Auf diese Weise wurde der Hund aus Wolfsarten gezähmt.

Der Wolf wurde zum Inbegriff des fleischfressenden Lebens, in das sich unsere vegetarischen Vorväter versetzt sahen. Obwohl der Wolf anderen Wölfen gegenüber zu den zärtlichsten und hingebungsvollsten Tieren gehört, gilt er dem Menschen als Symbol der Grausamkeit. In – wetteifernder wie kooperativer (nämlich bei der Jagd mit Hunden) – Begleitung des Wolfes ging der Mensch der Gnade verlustig. Dieses epi-

sche Moment hat sich tief in die menschliche Erinnerung eingegraben.
Unseren Vorfahren kann gar nicht entgangen sein, daß der Wolf in besonderer Beziehung zum Mond stand. Das Anheulen des Mondes durch die Wölfe dürfte für die Menschen, die wilden Herden nachsetzten, eine stets gegenwärtige Serenade gewesen sein. Im hellen Schein des Vollmonds kommunizieren Wölfe miteinander, indem sie sich anheulen und dann zur Jagd versammeln. Das Mondlicht liefert dem Maroudeur große Vorteile, und bald schon tat es der Mensch seinem hauer- und krallenbewehrten Konkurrenten nach. (Ein im Norden lebender Freund teilte mir mit, sein wolfsähnlicher Hund pflege in mondhellen Nächten zu jagen und kehre erst bei Tagesanbruch zurück – erschöpft, aber glücklich.)
Die Lykanthropie war eine geachtete Zauberpraxis, die mit der lebenswichtigen Tätigkeit des Jagens zusammenhing. Wie kam es dazu, daß der Werwolf in der Volksmeinung zum schreckerregenden Geschöpf, zum unnatürlichen Monster wurde? Als sich das Klima erneut veränderte, die Gletscher zurückgingen und sich anschließend die Landwirtschaft entwickelte, verringerte sich die Bedeutung der wirtschaftlichen Rolle des Jägers. Der Zähmung des Hundes folgte die des Viehs, und fortan mußte der Hund die Herden bewachen. Die erworbene menschliche Vorliebe für Fleisch ließ sich nunmehr auch ohne Jagd befriedigen. Der Wolf wurde zur lästigen Plage, zum Dieb, der Bauern und Nomaden Vieh stahl.
Damit verlor der Werwolf seine Bedeutung als Kultursymbol. Robert Graves schreibt, die Halter gezähmter Tiere hätten sich im alten Arkadien für den Werwolf eine neue Rolle ausgedacht, die mit den Bedürfnissen ihrer Lebensführung besser in Einklang stand: »In der arkadischen Glaubensvorstellung wird ein Mensch als Abgesandter zu den Wölfen geschickt. Für acht Jahre wird er zum Werwolf und überredet die Wolfs-

rudel dazu, die Herden und Kinder der Menschen in dieser Zeit in Ruhe zu lassen.« Diese Rolle geriet schließlich wieder in Vergessenheit. Der Wolf wurde zum Feind der Zivilisation, und der Werwolf wurde aus der Gesellschaft ausgestoßen. Er ist ein archetypisches Ungeheuer, furcht- und mitleiderregend zugleich. Er erinnert daran, daß das Menschengeschlecht in Ungnade gefallen ist. Er ist das Individuum, das sich, wenn es dem Sog des Mondes erliegt, allzu deutlich an das Bluttrauma des ersten Jägers erinnert.

Wie real sind Werwölfe? Einige psychotische Personen, die sich einbildeten, Wölfe zu sein, haben sich wild und aggressiv aufgeführt, haben mit den Zähnen an rohem Fleisch gezerrt, sind planlos durch die Gegend geirrt, haben jeden Kontakt zu Menschen gemieden, sich weder um persönliche Bequemlichkeit noch um Schutz vor den Elementen gekümmert. Berichte über solche Verhaltensweisen sind nicht ungewöhnlich. Ein Fall von Lykanthropie ist im *American Journal of Psychiatry* beschrieben worden. Eine neunundvierzigjährige verheiratete Frau pflegte bei Vollmond psychotisch zu werden und sich für einen Wolf zu halten – und auch so zu handeln! Während dieser Zeiten erlebte sie starke homosexuelle Dränge, fühlte sich sexuell erregt und gequält, hatte unwiderstehliche zoophile Anfälle und den Drang zur Masturbation, wobei das Ganze schließlich im Wahn einer wolfsähnlichen Metamorphose gipfelte. (Die untersuchenden Wissenschaftler meinten, das Syndrom müsse als Symptomkomplex und nicht als eigene diagnostische Einheit angesehen werden.)

In Frankreich wird oft von Menschen erzählt, die bei Monddunkel die Macht haben, Wolfsrudel anzulocken und zu führen. Jedem Studenten des Verhaltens wilder Hundearten ist bekannt, daß sich Wölfen ein Mensch als Rudelführer anerziehen läßt. Manche Leute haben ganze Wolfsrudel großgezogen.

Bei einer gestörten Person, die sich einbildet, ein Werwolf zu sein, wirken beim psychotischen Gewaltausbruch neben dem Sadismus natürlich auch andere emotionale Komponenten mit. Ein solches Individuum kehrt sich von der Menschheit ab und leidet unter großen Entzugserscheinungen. Es bestraft sich selbst für seine persönliche Schuld – welcher Art diese auch sein mag. In historisch-kulturellem Sinne kann ein solches Individuum für die kollektive Schuld des Menschengeschlechts sühnen wollen. Die Verbindung der Aktivität des Werwolfs mit dem Mond ist traditionell und angesichts der Liebe des Wolfes zum Mond leicht verständlich. Dennoch bleibt dieses Verhältnis geheimnisvoll.

Meine Erforschung der lunaren Rhythmen im menschlichen Gewaltverhalten erhellt dieses Verhältnis. Sie hilft erklären, warum der Werwolf-Legende in der Vorstellungskraft der Menschheit solche Dauerhaftigkeit beschieden ist.

In unserer Zeit haben Sadisten nicht gezögert, die seltsame Macht der Werwolf-Legende für sich zu nutzen. In Deutschland, wo die Legende weit verbreitet war, riefen Naziterroristen in den zwanziger Jahren den Wehrverband »Werwolf« ins Leben. (War es reiner Zufall, daß Hitlers Spitzname »Wolf« hieß?) Gegen Ende des Zweiten Weltkrieges sollten Werwolfverbände den Kampf gegen die in Deutschland einrückenden Alliierten in Guerilla-Form fortführen. (Ihre Mitglieder hatten dann allerdings alle Mühe, überhaupt am Leben zu bleiben.) Der Rückgriff auf die geschichtliche Vergangenheit war ein Wesenszug der Nazi-Ideologie, und mit seiner Erinnerung an eine archaische und gewaltstrotzende Lebensweise bot sich der Werwolf als Symbol für die Monstrosität des faschistischen Regimes geradezu an.

Der Werwolf ist aber keineswegs der einzige Verbrechertypus, den der Mond anstachelt. Typisch dafür ist der unter den Mond-Anekdoten bekannteste Fall von Charles Hyde, jenes ungelernten Arbeiters, der Robert Louis Stevenson für »Dr. Jekyll und Mr. Hyde« Pate gestanden hat. Hyde wurde sowohl durch den Neu- als auch den Vollmond zu verbrecherischen Handlungen getrieben, die ihm »normalerweise« nie in den Sinn gekommen wären. Hyde machte vor Gericht geltend, aufgrund seiner Mondsüchtigkeit sei er für seine Untaten nicht verantwortlich.

Seine darauf aufgebaute Verteidigung half ihm nichts. Das Gericht verurteilte ihn 1854 zu einer Zuchthausstrafe. Damals wie heute dürfen mond-getriebene Gewalttaten nicht entschuldigt werden. Die Spekulation über das Jekyll-Hyde-Thema ist seit jeher faszinierend. Dr. E. A. Janino aus Lynn, Massachusetts, hat von der Möglichkeit gesprochen, sowohl Jack the Ripper als auch der Boston Strangler könnten echte Mond-Irre gewesen sein, die vom Einfluß des Mondes zu ihren Metzeleien getrieben worden seien.

Der dämonische »Son of Sam« in New York mordete in acht verschiedenen Nächten; an fünfen davon herrschte Neu- oder Vollmond. Die »Symbionese Liberation Army« entführte Patricia Hearst bei Vollmond. Zwischen Mai 1976 und April 1977 gab es neun Vollmond-Selbstmorde von der Golden Gate Bridge. Während des Vollmonds im August 1977 ermordete in Hackettstown, New Jersey, ein Heckenschütze sechs Fremde und beging danach Selbstmord. In Rockford, Illinois, soll ein Mann während einer Vollmondnacht im Januar 1978 seine sechs Kinder hingeschlachtet haben.

Das Albert-Einstein-Hospital in New York berichtet, Neurotiker schienen stark vom Mond beeinflußt zu werden. Das scheint gerade für diejenigen zu gelten, die am meisten das Etikett »lunatic« verdienen. Auch ganz normale Menschen beobachten oft die unheimlichsten Wirkungen des Mondes.

Der Mond hat Propheten, Philosophen, Ärzte, Astronomen und Dichter angeregt:

Seit jeher übt der Mond einen Zauber und einen ungestümen Drang nach mehr Wissen aus. Die ersten Beobachtungen des Mondes, sagt Flammarion, verursachten nicht weniger Lärm als die Entdeckung Amerikas; viele erblickten darin die Entdeckung einer neuen Welt, die viel interessanter war als Amerika, lag sie doch außerhalb der Erde.

Timothy Harley

. . . liebster Mann im Mond:
Einst fürchtete ich die Mondhelle
Und hielt sie für meine Mutter.

Erica Jong

Der Mond [. . .] ist ein Gesicht aus eigenem Recht,
Weiß wie ein Knöchel und schrecklich verzerrt
Saugt er die Meere hoch wie dunkles Gespenst.

Sylvia Plath

Und steigt vor meinem Blick der reine Mond
Besänftigend herüber, schweben mir
Von Felsenwänden, aus dem feuchten Busch
Der Vorwelt silberne Gestalten auf
Und lindern der Betrachtung strenge Lust.

Goethe, *Faust*

. . . mit dem Köstlichsten, was die Monde erzeugen.

Deuteronomium 33,14

Der prominente englische Arzt im 18. Jahrhundert, Richard Mead, machte folgende Fallbeobachtungen über den Einfluß des Mondes auf die Gesundheit verschiedener Personen:

> Der Fall Doktor Pitcairne ist bemerkenswert. [...]
> Des Morgens um Neun, genau zur Stunde
> des Neumonds, befiel ihn plötzliches Nasenbluten,
> nach einer ungewöhnlichen Ohnmacht.
> Asthma-Anfälle treten häufig periodisch auf,
> und zwar unter dem Einfluß des Mondes,
> desgleichen unter dem des Wetters...
>
> Von einer ungewöhnlicheren Wirkung dieser
> Anziehungskraft berichtet der gelehrte Kirchringus.
> Er kannte eine junge Adlige, deren Schönheit von der
> Mondeskraft abhing, denn bei Vollmond war sie
> pausbackig und sehr hübsch, nahm aber der Trabant
> ab, so wirkte sie so fahl und unansehnlich,
> daß sie sich schämte auszugehn, bis nach dem
> Neumond langsam wieder ihr Gesicht sich füllte und
> ihre Reize nun zur Wirkung kamen.

Neben Dr. Mead glaubten auch so herausragende Persönlichkeiten wie Robert Boyle, Francis Bacon und Henry More an die biologischen Einflüsse des Mondes. Dr. Benjamin Rush, Vater der amerikanischen Psychiatrie, erkannte und beschrieb das Verhältnis zwischen Mondphasen und menschlichen Störungen vor allem mentaler Art. Seit jeher in der Geschichte waren sich Ärzte und Naturphilosophen – darunter Heraklit, Aristoteles, Paracelsus, Maimonides und viele andere – der Beziehung zwischen dem Mondzyklus und der körperlichen

und emotionalen Gesundheit bewußt. Anaïs Nin schrieb einmal: »Beim Betrachten des Mondes erlangte sie die Gewißheit von der Ausdehnung der Zeit durch die Tiefe des Gefühls und die Tragweite und unendliche Vielfalt des Erlebens.«
Was wir heute über den Mond wissen, ist atemberaubend, aber verglichen mit dem, was wir nicht wissen, fällt es kaum ins Gewicht. Von der Frage nach seinem Ursprung bis hin zu der Frage, wie er seine Macht auf unser tägliches Leben ausübt, bleibt der Mond ein Rätsel. Wenn wir schwierige Fragen stellen, dann müssen wir bedenken, daß sinnvolle Zusammenhänge oft erst offenbar werden, wenn unterschiedliche Wissensgebiete gemeinsam vorankommen. Die wichtige Rolle der kosmischen Strahlung als Verursacherin von Mutationen wurde erst einsichtig, als die Astrophysik und die Genetik gewisse Entwicklungsphasen erreicht hatten. Verbundkräfte, die so schwach erscheinen, daß man sie für folgenlos hält, können sich plötzlich als ungeheuer stark erweisen, freilich auf unerwartete Weise. So lösen schwache Kräfte oft starke Reaktionen aus. Zudem können schwache Wirkungen, wenn sie rhythmisch widerhallen, eine beträchtliche Summenhöhe erreichen. (Unter Nutzung dieses Prinzips marschierten die Israeliten rhythmisch um die Stadt Jericho und erzeugten damit einen Resonanzeffekt, der die Mauern einstürzen ließ.)
Oft schwache, aber regelmäßige und anhaltende kosmische Rhythmen prägen unsere Umwelt und Evolution. Die subtilen Wirkungen solcher Kräfte dürfen wir nicht ignorieren; in vielen Fällen können sie sich als Schlüssel zum Verständnis von Veränderungen in den weiteren Lebensphänomenen herausstellen. Als ein solcher Schlüssel erweist sich unser Verständnis des Einflusses des Mondes. Die Türen, die wir zu entriegeln trachten, öffnen sich nach innen, zum *Geist* hin, und zugleich nach außen, zum *Kosmos* hin – auf die endlosen Weiten des Unbekannten.

2
Mond und Mord

> Das hat wahrhaftig nur der Mond verschuldet;
> Er kommt der Erde näher, als er pflegt,
> Und macht die Menschen rasend.
>
> Shakespeare, *Othello*

Shakespeares Gestalten verdanken seinem Scharfblick für die Beweggründe menschlichen Verhaltens eine Zeitlosigkeit, die ihr Fortleben in der Literatur verbürgt. Othellos irrationaler Gewaltausbruch spiegelt in Verbindung mit dem »Verschulden des Mondes« eine zur Zeit des Dichters gängige Auffassung wider und nimmt das heutige Interesse an der Rolle des Mondes im menschlichen Aggressionsverhalten vorweg. Nun gibt es über den Einfluß des Mondes zwar eine beträchtliche Menge an Information, aber sie ist zum größten Teil subjektiv oder beruht auf beiläufigen Untersuchungen, denen eine sorgfältige *wissenschaftliche* Methodik abgeht.

Mittlerweile sind Polizei und Feuerwehr von der Beziehung zwischen Mond und Gewalt überzeugt und haben Daten gesammelt, die ihre Beobachtungen stützen. Das Zentralamt der New Yorker Feuerwehr hat festgestellt, daß Brandstiftungen bei Vollmond um bis zu 100 Prozent zunehmen. Die Polizei von Philadelphia bemerkt, bei Vollmond stiegen Brandstiftungen und Vergehen gegen Personen an. Gleiches berichten die Polizeipräsidien von Los Angeles und Miami. In Phoenix wird nach Aussage des Brandsachverständigen Manuel Benitez die Feuerwehr in Vollmondnächten durchschnittlich fünfundzwanzig- bis dreißigmal öfter gerufen.

Da diese Berichte nicht mit strenger Methodik angelegt wurden, können sie nicht als statistisches Beweismaterial gelten. Um »die Wahrheit« herauszufinden, muß man nach unumstößlichen Fakten suchen, die sich für die statistische Auswertung eignen. Das verlangt detektivische Schwerstarbeit.

Dieselben persönlichen Beobachtungen, die das Interesse so vieler Menschen erregt haben, erweckten auch mein Interesse am Einfluß des Mondes. Es begann, als ich als Medizinstudent am Jackson Memorial Hospital in Miami famulierte. Während meiner Tätigkeit in der dortigen psychiatrischen Abteilung stachelte ein merkwürdiges Ereignismuster meine Neugier an. Mir fiel auf, daß sich die Patienten in wiederkehrenden Perioden verstörter verhielten als gewöhnlich. Ein Grund für diese Periodizität war nicht ersichtlich. Jede Periode dauerte ein paar Tage. Danach beruhigten sich die Patienten, und in der Abteilung kehrte wieder der normale Alltag ein. Ich fragte mich, was die Ursache für die periodische Unruhe sein könnte. Zwar hinderten mich die damaligen Umstände, meiner Neugier nachzugehen, aber die Frage beschäftigte mich noch lange.

Nach vierjährigem Einsatz als Militärarzt in der amerikanischen Luftwaffe beschloß ich 1969, als Psychiater eine Stellung an einer Klinik anzutreten. Mein Schwerpunkt war das menschliche Verhalten. Schon bald nach der Rückkehr in die psychiatrische Abteilung bemerkte ich wiederum die unerklärlichen Perioden gestörten Verhaltens. Diesmal nahm ich mir vor, die Ursache zu entdecken. Als ich das Personal befragte, stellte ich fest, daß den Krankenschwestern und Pflegern diese periodischen Auftritte vertraut waren. Sie schrieben sie ausnahmslos, eher scherzhaft, dem Auftreten des Vollmondes zu. Da ich nicht recht wußte, ob ich ihnen glauben sollte, befragte ich das Personal der Notaufnahme nach dem Phänomen, und auch diese Mitarbeiter sagten, sie hätten bei Patienten, die bei Vollmond zur Behandlung eingeliefert wurden, Perioden rastlosen und seltsamen Verhaltens bemerkt. Die Polizisten und Rettungshelfer, die die Patienten in die Notaufnahme brachten, bestätigten diese Aussage ebenfalls.

Eines Tages brachte ich das Thema im Gespräch mit anderen Klinikärzten zögernd zur Sprache. Sie sagten mir, in der medizinischen Abteilung träten periodisch Geschwürblutungen und epileptische Anfälle auf, die das dortige Personal dem Einfluß des Vollmondes zuschreiben.

Nun war ich mir nicht sicher, ob diese Spekulation überhaupt ernstgenommen wurde. Doch im Laufe der Zeit gelangte ich zu der Überzeugung, daß das Krankenhauspersonal mit seiner langjährigen Erfahrung wirklich glaubte, was es mir sagte. Es blieb ihnen nichts anderes übrig! Zu oft hatten sie das Zusammentreffen von unerklärlichem Verhalten und Vollmond erlebt, als daß sie es von sich weisen konnten.

Als erstes in meiner nun einsetzenden Untersuchung erstellte ich eine Übersicht über die psychiatrische Abteilung. Konnten soziale Veränderungen die periodischen Störungen erklären? Ich sagte mir, Personalwechsel, die Aufnahme besonders provozierender Patienten, ja sogar das Wetter könnten dafür verantwortlich sein. Doch keiner dieser Gründe erklärte das *regelmäßig wiederkehrende Muster.* Sollten die erfahrenen Mitarbeiter, die ich befragt hatte, am Ende doch recht haben? War es tatsächlich der *Vollmond*, der die mysteriösen Anfälle verursachte? Und wenn ja, wie?

Mir schien das weiterer Erforschung wert, selbst auf die Gefahr hin, von den Kollegen gehänselt und verlacht zu werden. Ich beschloß, der Frage auf den Grund zu gehen: »Wenn es Humbug ist, dann widerlege ihn; wenn etwas dran ist, dann verschaffe dir Gewißheit.« Sollten die Ergebnisse positiv ausfallen, dann, so schien mir, ließ sich ein wichtiger Beitrag zur Gesundheitsvorsorge leisten. Beispielsweise konnten die Krankenhäuser das Personal in der Psychiatrie während der Spitzenzeiten verstärken.

Und so begann meine detaillierte Untersuchung der Mondphasen als möglichem Faktor gewalttätigen menschlichen Verhaltens.

In der psychiatrischen Abteilung der medizinischen Fakultät der Universität Miami mußten Forschungsprojekte vom Vorsitzenden genehmigt werden. Dazu brauchte ich einen überzeugend formulierten Projektantrag. Die meisten Wissenschaftler waren der Meinung, Untersuchungen, die mit Aberglaube, Folklore oder Mythologie zu tun hatten, seien reine Zeitverschwendung. Ich nahm mir deshalb zunächst die wissenschaftliche Literatur vor, um festzustellen, inwieweit das Thema möglicher lunarer Wirkungen auf das menschliche Verhalten bereits behandelt worden war. Dabei entdeckte ich, daß in der ersten Hälfte des 20. Jahrhunderts mehrere Studien zu dem Thema veröffentlicht worden waren. Mit gemischtem Ergebnis: die einen wiesen positive Feststellungen nach, genauso viele aber auch negative.

Diese auffällige Gleichverteilung von Positiv und Negativ schien hinsichtlich der Veröffentlichungszeit einem wiederkehrenden Muster zu entsprechen. Jedesmal, wenn eine Studie mit positiver Korrelation zwischen menschlichem Verhalten und dem Mondzyklus erschien, folgte kurz darauf eine andere, die die Ergebnisse widerlegte. Damit zeigte sich zum ersten Mal, welche »heiße« wissenschaftliche Kartoffel ich da angepackt hatte. In kritischen Rezensionen vieler Papiere wurde auf Mängel in der Methodik verwiesen. Wollte ich die

Skeptiker überzeugen, mußte ich wasserdichte Beweise bringen. Das sollte mir recht sein.

Desgleichen wußte ich, daß ich bei der Untersuchung lunarer Einflüsse auf keine stark ausgeprägten, »klinisch sauberen« Unterschiede treffen, sondern es mit »kleinen Wirkungen« zu tun haben würde. Mithin mußte ich eine Unmenge präziser Daten über lange Zeiträume sammeln. Wenn ich ansehnliche Korrelationen vorlegen wollte, mußte zunächst das zu messende Gewaltverhalten aufs sorgfältigste selektiert werden. Zudem galt es einen Weg zu finden, um die auf der Sonnenzeit basierenden Kalenderdaten in Mondzeit zu konvertieren. In den früheren Studien waren für diese Umrechnung sehr grobe Methoden benutzt worden. Zum Glück hatten 1970, als ich mit der Studie begann, die astronomische Technologie und moderne Computer inzwischen eine gediegene und präzise Umrechnung ermöglicht.

Nunmehr suchte ich nach einer Variablen, an der ich menschliches Gewaltverhalten messen konnte. Ich brauchte etwas, was sich leicht quantifizieren und als solides statistisches Material verwenden ließ. Damit die gesammelte Information Sinn machte, brauchte ich eine einfache, unkomplizierte statistische Methode zur Auswertung der Ergebnisse.

Während ich noch über diese Voraussetzungen nachsann, fiel mir ein Artikel im Miami *Herald* über ein Forschungsprojekt der Meteorologen an der Universität Miami in die Hände, das den Einfluß des Mondes auf die Entstehung tropischer Stürme und Orkane aufgezeigt hatte. Das Projekt war auf weltweiter Basis durchgeführt worden. Ich nahm mir ein Herz und trat mit einem der Forscher, Ronald Holle, in Verbindung, der mich in die Welt der Meteorologie einführte. Die Meteorologen besitzen akkurate Langzeitaufzeichnungen, auf denen sie ihre Arbeit aufbauen. Seit langem schon vermuteten sie, daß der Mond das Wetter beeinflusse, und besaßen mittlerweile ein einfaches Verfahren für die Messung und Auswertung lokaler Ereignisse anhand der Mondzeit. Später benutzte mein Forschungsteam dieses Verfahren in leicht abgewandelter Form. (Übrigens lernte ich bei gleicher Gelegenheit, daß in der Meteorologie eindeutig *atmosphärische Gezeiten* dokumentiert worden waren, die sich in der Stärke der Niederschläge und der Sturmbildung äußerten.)

Ein Stockwerk über den meteorologischen Labors der Universität Miami befand sich die physikalische Abteilung. Ronald Holle machte mich mit dem Physik- und Astronomieprofessor Dr. Douglas Duke bekannt, der sich sofort für meine Ideen über die lunaren Wirkungen auf das menschliche Verhalten interessierte und einverstanden erklärte, mir die Grundbegriffe der modernen Astronomie beizubringen. Seine Anregungen und die von Mr. Holle und Tom Carpenter von der National Oceanic and Atmospheric Administration in Washington verhalfen mir zu einem sauberen methodologischen Ansatz für meine Arbeit.

Nunmehr legte ich meine Vorschläge Dr. James N. Sussex vor, damals Vorsitzender der Psychiatrieabteilung der medizinischen Fakultät der Universität Miami. Er wußte natürlich, welche Vorurteile gegen eine Erforschung der lunaren Einflüsse auf das Verhalten des Menschen vorherrschten. Er lief sogar Gefahr, seinen eigenen Ruf aufs Spiel zu setzen, wenn er zustimmte. Aber er erkannte auch die potentiellen Vorteile gesicherter wissenschaftlicher Erkenntnisse. Dr. Sussex ermutigte und unterstützte mich nicht nur, er schoß sogar aus seinem Abteilungsfonds das Startgeld für das Projekt vor.

Auf diese Weise moralisch und finanziell gestärkt, begann ich mit meiner Forschung. Ich mußte eine Variable finden, mit der sich emotionale Ungebärdigkeit messen ließ. Wenn der Mond Romantik ebenso wie Gewalt, Fröhlichkeit ebenso wie emotionale Instabilität hervorrief – wie ließen sich so unterschiedliche Wirkungen überhaupt quantifizieren? Mithin stand der ganze Berg der Vielfalt und Komplexität des menschlichen Verhaltens im allgemeinen vor mir, ganz zu schweigen von den doch sehr beträchtlichen individuellen Schwankungen. Für die Quantifizierung menschlichen Verhaltens besitzen wir einfach keine angemessene Methode. Die Experimentalpsychologen verwenden zur Verhaltensmessung diverse Bewertungsskalen. Diese aber sind anfällig für die Vorurteile derer, die sie entwerfen, sowie derer, die sie als Beobachter und Auswerter benutzen. Ich verlasse mich nicht auf sie. Sucht ein Beobachter ein bestimmtes Verhalten, dann findet er es höchstwahrscheinlich auch. So einfach ist das. Ich war von Anfang an entschlossen, jede vorgefaßte Beobachtermeinung auszuschalten.

Ich tat mich mit Dr. Carolyn Sherin als Teampartnerin zusammen, einer in der Anwendung statistischer Methoden erfahrenen Psychologenkollegin an der Klinik. Nach langer Suche und endlosem Debattieren optierten Dr. Sherin und ich für das Tötungsdelikt als Variable zur Messung gewaltsamen Verhaltens. Mord ist erstens eine Gewalttat, und zweitens läßt er sich zeitlich meist recht einfach fixieren. Er ist medizinisch und juristisch allgemein anerkannt definiert. Zwischen den verschiedenen Arten der Tötungsdelikte, die nur Quelle von Vorurteilen gewesen wären, brauchten wir nicht zu differenzieren. Wir mußten lediglich wissen, daß, und wann genau, die Tat geschah.

Dieses Zeitmoment war eine wichtige Voraussetzung für die Untersuchung: Wir mußten den genauen *Zeitpunkt der Körperschädigung* für den Mord in Erfahrung bringen. Die Todeszeit war *nicht* wichtig. Das Opfer konnte einem Anschlag erst Stunden, Tage, ja Wochen später erliegen. Die Zeit der Körperschädigung hingegen bezeichnet den Zeitpunkt des Anschlags und ist deshalb die kritische Zeitvariable.

Daß wir unsere Untersuchung in Miami vornahmen, erwies sich als Glücksfall. Dr. Joseph H. Davis, ärztlicher Leichenbeschauer von Dade County (Miami), genießt für seine präzise und peinlich genaue Amtsführung landesweites Ansehen. Für sein umfassendes Archiv sammelt er, wo immer möglich, für alle gewaltsamen Todesfälle nicht nur die Todeszeit, sondern auch den Tatzeitpunkt. Außerdem ist sein Archiv im Computer gespeichert und jederzeit sofort abrufbar. Und dieser herrlich geordnete Datenbestand befand sich buchstäblich in unserem Hinterhof (Dr. Davis' Büro steht hinter dem Hospital).

Ich möchte erneut betonen, daß dem Zeitpunkt der Körperschädigung (der Einfachheit halber nenne ich ihn fortan Tatzeit) denkbar große Bedeutung zukommt. Der Zeitabstand zwischen der Verletzung und dem Tod sowie denkbare Kontroversen über die genaue Definition des Todes waren für unsere Untersuchung unerheblich.

Die gewalttätige emotionale Erschütterung, die wir messen wollten, wird zeitlich durch Angriff und Verletzung markiert. Dank dieses Kriteriums blieb unsere Studie einfach und präzise. Einfach war die Kenntnis der Tatzeit allerdings nicht mehr, als es galt, Parallelfälle an einem anderen Ort ausfindig zu machen, wie es für die Validierung der Ergebnisse unerläßlich war, wozu wir die Tötungsarchive von New York City untersuchen wollten.

In dieser größten Stadt der USA geschehen etwa zehnmal mehr Morde als in Miami, und es war zu vermuten, daß die Archive gründlich geführt würden. Doch leider darf man in New York nichts unbesehen voraussetzen. Die Stadtverwaltung hatte keine Tatzeiten dokumentiert. Um etwas vergleichbar Genaues zu Dade County zu finden, mußten wir uns anderswo nach Daten umsehen. Wir fanden sie in Cuyahoga County von Cleveland, Ohio.

Nachdem wir Tötungsdelikte, deren genaue Tatzeit nicht

bekannt war, aussortiert hatten, verblieben uns 1 887 Fälle aus Dade County über einen Zeitraum von fünfzehn Jahren und 2 008 Fälle aus Cuyahoga County aus dreizehn Jahren. Die beiden Sammlungen waren mehr als ausreichend.

Bei der Umschau nach möglichen Einflüssen der Mondphasen auf das menschliche Verhalten gingen wir davon aus, daß diese Wirkungen wahrlich klein sein würden. Wir brauchten also eine große Menge präziser Daten, wenn wir irgendeine Mondwirkung ausmachen wollten. Meiner Meinung nach hatten viele Studien vor allem deswegen keine überzeugenden Ergebnisse gebracht, weil die benutzten Datensammlungen zu klein oder die Zeitspannen zu kurz gewesen waren.

Nunmehr rechneten wir die gesammelten Daten in Mondzeit um. Das war unbedingt nötig, um eine Verfälschung unserer Erkenntnisse durch bekannte soziale Periodizitäten im menschlichen Verhalten zu vermeiden. Diese Periodizitäten – Feiertage, Wochenenden, Samstagsabendgegröle, blauer Montag, Zahltagszechtouren und so weiter – werden zeitlich nach dem Standard-Sonnenkalender gemessen. Wenn wir unsere Information nach dem Sonnenkalender organisiert hätten, dann wären alle diese Patterns sofort zutage getreten. Sie hätten aber die subtileren Wirkungen unserer natürlichen Umgebung, vor allem die reinen Lunarrhythmen, verschleiert. Unsere Information mußte sonnenzeitunabhängig bleiben.

Die Meteorologen kamen uns zu Hilfe. Sie benutzen einen Kalender namens »lunarsynodische Dezimalskala«. Dieser Lunarkalender gibt sich nicht mit Sonnenauf- und -untergang ab. Durch Benutzung des Lunarkalenders überwanden wir den Verschleierungseffekt der gesellschaftlichen Periodizitäten.

Die Tötungsdelikte wurden graphisch auf den Lunarkalender eingetragen. Damit erhielten wir ein Bild der Mordhäufigkeit bezogen auf den Mondzyklus, aber diese Graphik wurde nicht als statistischer Beweis benutzt. Beweisseitig verwendeten wir eine strengere statistische Methode. Wir zählten die Zahl der Tötungsdelikte in den Zeiträumen von zweiundsiebzig, achtundvierzig und vierundzwanzig Stunden vor und nach jeder Mondphase. Die Zahl der Tötungsdelikte in jedem dieser »Zeitfenster« wurde dann mit der rein zufällig erwarteten Zahl verglichen.

Die Ergebnisse waren gewaltig! Die Graphik der Tötungsdelikte in Dade County zeigte eine auffällige Korrelation mit dem Mondphasenzyklus. *Bei Vollmond schnellten die Morde pfeilhoch!* Die Graphik zeigte einen deutlichen Abfall bis zum Neumond, gefolgt von einer sekundären Spitze sofort nach Neumond.

Seit Kepler wissen wir, daß die Anziehungskraft des Mondes bei Neu- und Vollmond am stärksten ist. Unsere Ergebnisse zeigten, daß mit dieser zunehmenden Schwerkraftwirkung die Morde häufiger wurden.

Die Spitzenwerte auf der Graphik waren größer, als man rein zufällig erwarten konnte. Wir hatten statistisch nachgewiesen, daß zwischen Mondphasen und Mord tatsächlich ein Zusammenhang bestand. Nun hatten wir zwar den Zusammenhang, aber keinen Nachweis einer ursächlichen Wirkung.

Unsere bisherigen Ergebnisse ermutigten uns, weiter Ausschau zu halten. Als die Tötungsdelikte von Cuyahoga County auf die Graphik aufgetragen wurden, zeigten sie ein ähnliches Muster wie die Dade-Graphik – aber die Spitzen auf der Cuyahoga-Graphik waren nach rechts verschoben, traten also *später* im Mondzyklus auf als die Spitzen von Dade. Sie fielen nicht mit Voll- und Neumond zusammen, sondern stellten sich erst rund drei Tage danach ein. Diese Verschiebung besaß schon fast statistische Erheblichkeit.

Die gemischten Ergebnisse unserer Untersuchungen warfen schwierige und zugleich nachdenklich machende Fragen auf.

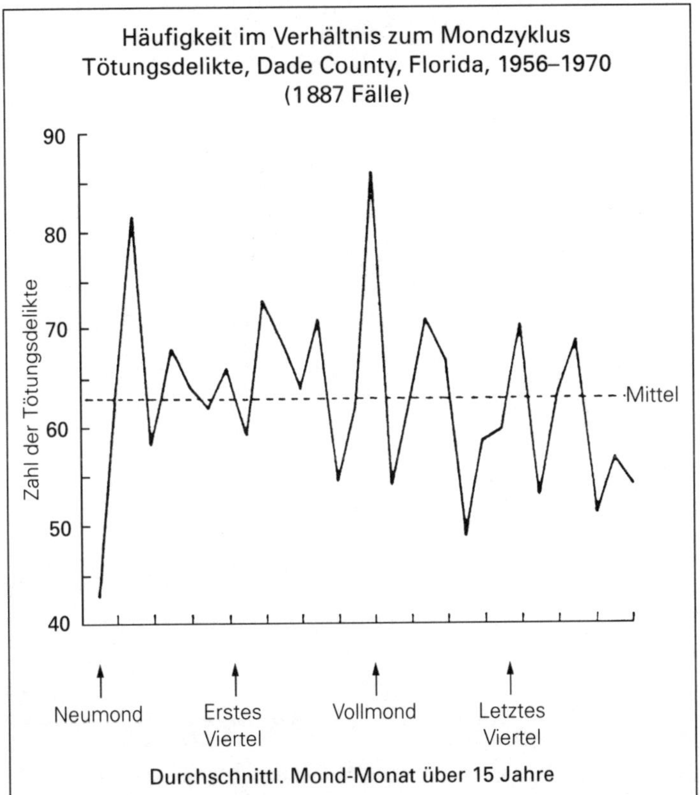

Tötungsdelikte in Dade County, Florida, über einen Zeitraum von 15 Jahren, eingezeichnet im Verhältnis zum synodischen Zyklus des Mondes.

Das auffällige Muster, das wir bei der Analyse der Archive von Dade County gefunden hatten, wurde von der Cuyahoga-Studie nicht bestätigt. Doch warum sahen die Graphiken einander so ähnlich? Es nahm sich aus, als liege irgendwo ein Verhältnis verborgen. Konnte die Rechtsverschiebung der Cuyahoga-Spitzen durch eine Verzögerung des Mondeffekts aufgrund der anderen geographischen Lage verursacht sein?

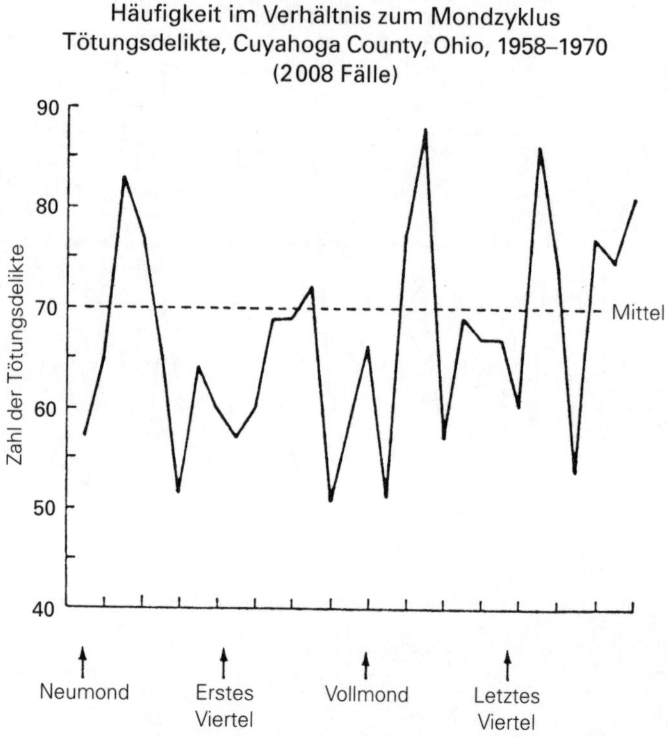

Tötungsdelikte in Cuyahoga County, Ohio, über einen Zeitraum von 13 Jahren, eingezeichnet im Verhältnis zum synodischen Zyklus des Mondes.

Wir wissen, daß die vom Mond ausgelösten Meeresgezeiten von Ort zu Ort variieren. Nicht nur zeitlich von Ort zu Ort, sondern auch umfangmäßig je nach Breitengrad. Der Unterschied zwischen Flut und Ebbe um den Äquator mißt sich gemeinhin in guten Zentimetern, während er in Polnähe bis zu fünfzehn Meter und mehr betragen kann! Wir fragten uns also, welche Wirkung der Breitengrad auf den Zeittakt der Mondzyklen haben könnte.

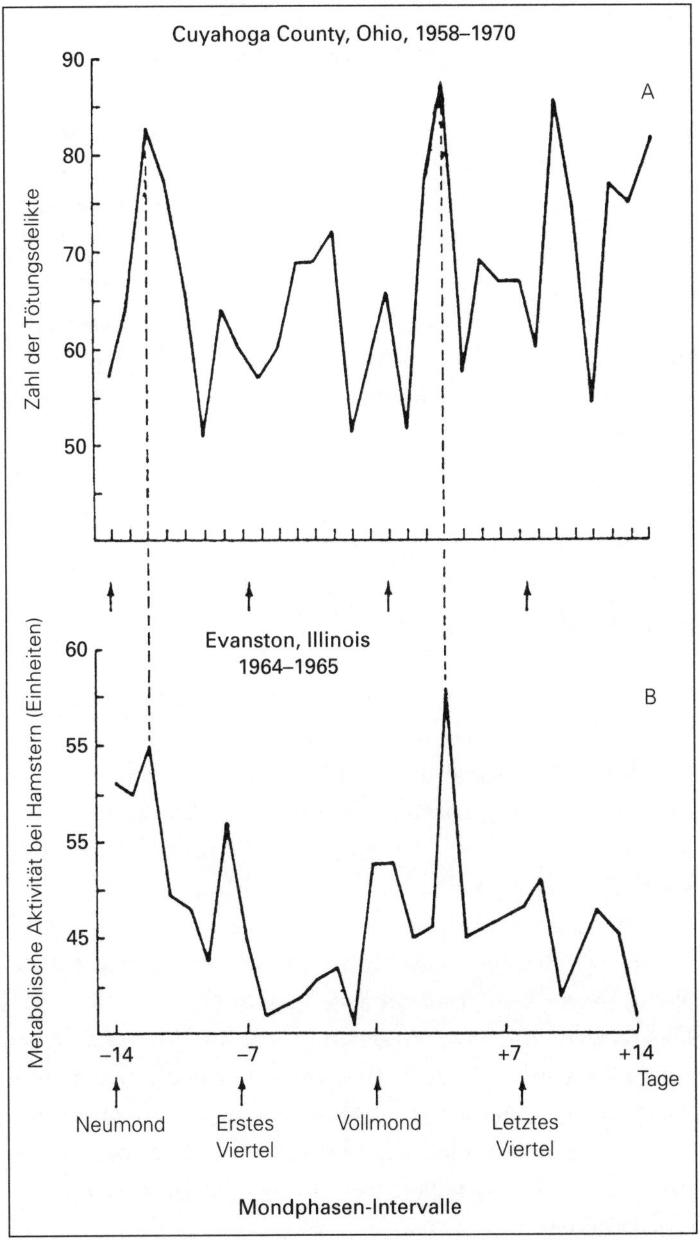
Cuyahoga County, Ohio, 1958–1970
A
Zahl der Tötungsdelikte
90
80
70
60
50
Evanston, Illinois
1964–1965
B
Metabolische Aktivität bei Hamstern (Einheiten)
60
55
55
45
–14
–7
+7
+14
Tage
Neumond
Erstes
Viertel
Vollmond
Letztes
Viertel
Mondphasen-Intervalle

Bei der Wetterbeobachtung und in Tieruntersuchungen ist die geographische Variation gang und gäbe. Besonders relevant für unsere rätselhaften Feststellungen waren die Tierversuche von Dr. Frank A. Brown, jr., einem Pionier im Bereich der biologischen Rhythmen. Dr. Brown hat in seinem Labor an der Northwestern University in Evanston, Illinois, die Auswirkung kosmischer Zyklen auf diverse Pflanzen- und Tierarten untersucht. Dabei entdeckte er eine lunare Periodizität im Metabolismus von Hamstern. Als wir diese Hamstergraphik nach den Mondphasen eintrugen, ergaben sich praktisch dieselben Spitzenverschiebungen, die wir in der Tötungsgraphik von Cuyahoga County erhalten hatten! Die Hamster drehten ihre Tretmühlen in Evanston, das breitengradmäßig (42° N) Cleveland (41° 30′ N) benachbart liegt. Diese Korrelation ließ uns vermuten, daß der Mond auf die Tätigkeit von Menschen *und* Tieren, die sich etwa auf demselben Breitengrad befinden, ähnlich wirkt.
Wie ließen sich diese geheimnisvollen Vergleiche erklären? Überhaupt: Wie konnte der Mond periodische Verhaltensveränderungen verursachen?
Auf der Suche nach Antwort entwickelte ich die biologische Gezeiten-Theorie. Diese Theorie geht das Problem von zwei Seiten an. Zum einen wird versucht, die unmittelbare Wirkung der Schwerkraftanziehung des Mondes auf lebende Mechanismen zu explizitieren. Zum anderen werden die mittelbaren Wirkungen des Mondes beschrieben, wie sie das elektromagnetische Feld der Erde vermittelt.
Die biologische Gezeiten-Theorie, die in Kapitel 9 näher behandelt wird, will einen Beitrag zu einem Neuverständnis der Natur des Menschen im Verhältnis zu seiner natürlichen Umgebung leisten. Heute muß das ganze Sonnensystem – ja, das Universum – als Teil unserer natürlichen Umgebung angesehen werden.

Einfach ausgedrückt, kann man den Menschen als Mikrokosmos begreifen, der im wesentlichen – und in vergleichbarer Proportion – aus denselben Elementen besteht wie die Erdoberfläche. Das steht im Einklang mit uralten philosophischen und religiösen Betrachtungsweisen, für die sich der Kosmos im Menschen widerspiegelte. Wir stoßen auf provozierende wissenschaftliche Parallelen zu historischen Vorstellungen. Wie die Oberfläche der Erde, besteht auch der Mensch zu etwa 80 Prozent aus Wasser und 20 Prozent Feststoffen. Ich glaube, daß die Anziehungskraft des Mondes im Verein mit anderen großen Kräften des Universums genauso einen Einfluß auf das Wasser im menschlichen Körper – im Ihrigen und im meinigen – ausübt, wie sie es auf die Ozeane tut. Das Leben, so glaube ich, kennt eine vom Mond beherrschte biologische Ebbe und Flut. Bei Neu- und Vollmond herrscht Flut – und ist die Mondwirkung auf unser Verhalten am stärksten.

Das Wasser im Körper ist in drei Haupträumen enthalten. Der *intravaskulare* Wasserraum ist das Wasser im Blut. Chemisch ist es etwa so zusammengesetzt wie Meerwasser. Das *extrazellulare* Wasser zirkuliert frei durchs Gewebe und umschließt die Zellen im Körper. Der Wassergehalt in den Zellen ist das *intrazellulare* Wasser. Das Wasser zirkuliert frei zwischen diesen drei Räumen. Wenn wir Wasser trinken, dann füllen wir unser Körperwasser auf. Um einen Überstau zu vermeiden, scheiden wir zum Ausgleich Wasser aus. Doch der Prozeß des Flüssigkeitsgleichgewichtserhalts kann gestört werden. Eine Unzahl von Veränderungen der Körperprozesse kann ein Ansteigen des Wassergehalts im einen oder anderen Flüssigkeitsraum bewirken. Wird beispielsweise die Ausscheidung auch nur relativ kurz unterbunden, dann staut sich Körperwasser auf und überlastet das System. *Dies kann eine Persönlichkeit verändern.*

Überschüssiges Körperwasser verursacht Gewebespannung,

Schwellungen und nervöse Reizbarkeit. Wenn die Anziehungskraft des Mondes unseren Flüssigkeitshaushalt durcheinanderbringt, sind wir angespannt und neigen zu emotionalen Ausbrüchen. Ein bekanntes Beispiel, wie sich ein Körperwasserstau auf die Nerven und das Verhalten auswirkt, ist das prämenstruelle Spannungssyndrom. Die Stimmungsumschwünge und erhöhte Gereiztheit sind bekannte Aspekte dieses Syndroms, das als Modell einer »biologischen Flut« im menschlichen Körper dienen kann. Bei Frauen steigt während des Prämenstruums die Häufigkeit der Einlieferung in die Notaufnahme und psychiatrische Kliniken und die Verübung von Verbrechen.

Die biologische Flut läßt die menschliche Maschine heißlaufen. Dabei muß man jedoch sofort betonen, daß diese Flut seltsames Verhalten nicht *verursacht*, sondern lediglich wahrscheinlicher macht. Bei Personen, die ohnehin für abartiges Verhalten oder Gewalttaten prädisponiert sind, kann die biologische Flut als Streßauslöser wirken, der irrationale Ausbrüche freigibt. Kosmische Kräfte wirken oft sehr subtil. In bestimmten Situationen lösen sie aber unerwartet starke Energiestöße aus. Wir haben in Erfahrung gebracht, daß Menschen in einigen Fällen für einen solchen Auslöser in Form der mondbewirkten biologischen Flut anfällig sind.

Unsere ersten Forschungsergebnisse wurden in der Juliausgabe 1972 des *American Journal of Psychiatry* veröffentlicht. Sofort bemächtigten sich die Medien ihrer und verbreiteten sie in Amerika und im Ausland. Wie zu erwarten, reagierte die Öffentlichkeit begeistert. Schließlich bestätigten unsere Studien ja auch die überall gemachten Erfahrungen. Bei mir ging haufenweise Post ein; viele teilten mir ihre persönlichen Mondanekdoten mit. Die meisten Wissenschaftler verhielten sich aufgeschlossen und erwartungsvoll. Viele wollten unsere Feststellungen in eigenen Studien wiederholen und erweitern; in der wissenschaftlichen Literatur erschienen Artikel, die unsere Ergebnisse bestätigten. Mehrere Promotionskandidaten wählten unser kontroverses Thema für ihre Doktorarbeit.

Die »hehre Wissenschaft« andererseits gab sich skeptisch, und wir warteten auf die unvermeidliche »wissenschaftliche« Studie, die unsere Feststellungen widerlegen würde. Wir brauchten nur zwei Jahre zu warten. In der Ausgabe des *American Journal of Psychiatry* vom Juli 1974 mit dem Titel »Das fragwürdige Verhältnis zwischen Tötungsdelikten und Mondzyklus« benutzten Dr. med. Alex D. Pokorny und Dr. med. Joseph Jachimczyk Statistiken, die in Houston, Texas, entwickelt worden waren. Da ihre Daten keine statistisch erhebliche lunare Periodizität hergaben, kamen sie zu dem Schluß, daß »die Wirkung von Mondphasen auf Totschlag, Selbstmord und geistige Erkrankungen als Mythos angesehen werden« müsse.

Bei näherer Betrachtung ihrer Forschung entdeckte ich, daß die Herren Pokorny und Jachimczyk eine falsche Variable, nämlich die *Todeszeit* benutzt hatten. Sie rechtfertigten das damit, daß 85 Prozent der Opfer von Tötungsdelikten im Bereich von Houston angeblich innerhalb einer Stunde nach der Tatzeit gestorben seien. Selbst wenn das zutraf, bedeutete das immer noch eine 15prozentige Abweichung, und zwar stets in derselben Richtung (denn der Tod tritt ja immer nur nach der Tatzeit ein). Jeder Statistiker wird bestätigen, daß eine solche Abweichung die Ergebnisse einer Untersuchung, die subtile Effekte zutage fördern will, völlig durcheinanderbringt.

Um ein für allemal nachzuweisen, daß die Verwendung des Sterbezeitpunkts als Variable zu Trugschlüssen führt, ließen wir die Dade-Studie erneut ablaufen und verwendeten diesmal als Meßvariable die Todeszeit anstelle der Tatzeit. Desgleichen werteten wir die Cuyahoga-Daten erneut aus und fügten unserer Arbeit noch die gesammelten Daten von zehntausend Tötungsfällen aus New York hinzu, wo wie erinnerlich nur die Sterbezeit festgehalten wird. In allen drei Studien ergab sich keine erhebliche Abweichung von der Zufallserwartung. Mit anderen Worten: Die *gewaltsamen Verletzungen weisen eine Mond-Periodizität auf*, während sich die Sterbezeiten beliebig über den Mondzyklus verteilen.

Daß die Herren Drs. Pokorny und Jachimczyk behaupteten, sie hätten keine Beziehung zwischen Tötungsdelikten und dem Mondzyklus feststellen können, war keineswegs überraschend.

Häufiger, als man meinen würde, legen Wissenschaftler ihre Studien darauf an, daß sie ihre persönliche Meinung bestätigen, anstatt zu dokumentieren, was sich wirklich abspielt. In vielen derartigen Studien wurden ungeeignete Variable oder Daten oder falsche Zeitperioden zugrunde gelegt oder sie wurden nicht repliziert. Mit solchen Berichten hält man lediglich die Kontroverse in Gang und behindert den Fortschritt zur Lösung einer akuten wissenschaftlichen Frage. Es gibt eindeutig eine Voreingenommenheit, die von Arbeiten, die den Einfluß des Mondes auf das tägliche Leben aufzeigen, nichts wissen will.

Woher stammt diese zähe Voreingenommenheit? Seit jeher widersetzt sich die Wissenschaft der leichtgläubigen Hinnahme abergläubischer Vorstellungen. Allerdings haben einige diese Haltung dahingehend erweitert, daß sie *alles* zu prüfen ablehnen, was nach »unwissenschaftlichem« Glauben riecht. Vielleicht steckt hinter dieser Weigerung eine unbewußte Angst vor der Macht des Aberglaubens über den Intellekt. Doch inzwischen sollten die Wissenschaftler in der Lage sein, zwischen der eingehenden Untersuchung einer Vorstellung und deren leichtgläubiger Hinnahme zu unterscheiden.

Dem rationalen Geist mißfällt die Mondkultur mit ihrer poetischen und mythischen Tradition. Dennoch können wir nicht länger den Kopf in den Sand stecken. Der Mond bleibt bei uns. Seine Macht wird nicht urplötzlich aufhören, unser Leben zu beeinflussen.

Es gibt einen weiteren Grund für die Voreingenommenheit. Ein Großteil der Skepsis gegenüber dem lunaren Einfluß auf das menschliche Verhalten rührt daher, daß die westliche Wissenschaft der Zeit des Sonnenzyklus verhaftet ist. Daher sind alle Verhaltensexperimente so angelegt, daß sie auf dem regulären Monatskalender und unserem Vierundzwanzigstundentag beruhen (der Gregorianische Kalender ist ein Sonnenkalender). Diese sonnenzentrierte Zeitorientierung übersieht Mondeinflüsse ganz einfach deswegen, weil sie die nach dem Mond gerichtete Zeitordnung übersieht.

Mondzeit und Sonnenzeit haben nicht denselben Tritt. Der Mondtag ist rund fünfzig Minuten länger als der Sonnentag. Das bedeutet nicht mehr und nicht weniger, als daß ein Mondzeit-Ereignis, das heute um 8.00 Uhr eintritt, morgen um 8.50 Uhr und übermorgen um 9.40 Uhr eintreten wird usw.

Meine Arbeit weist einen biologischen Rhythmus in der menschlichen Aggression nach; andere Forschungsarbeiten zeigen einen biologischen Rhythmus in der menschlichen Sexualität. In beiden Fällen hallt der *Mondzyklus* wider. Da Aggression und Sexualität Grundtriebe im menschlichen und tierischen Verhalten sind, können wir den Schluß wagen, daß viele Verhaltensaspekte den Nettoeffekt *sowohl* der Sonnen- *als auch* der Mondzeit widerspiegeln.

Es ist eine bekannte Tatsache, daß Wissenschaftler Schwierigkeiten haben, an verschiedenen Orten und zu unterschiedlichen Zeiten durchgeführte Verhaltensstudien zu replizieren. Ich glaube, daß diese Schwierigkeit zum Teil daher rührt, daß man vergessen hat, die Mondzeit mit zu berücksichtigen. Einem Wissenschaftler, der viele Jahre der Verhaltensforschung gewidmet hat, kann es durchaus schwerfallen, die Idee zu akzeptieren, sein Forschungsinstrumentarium sei unvollständig gewesen.

Wenn man das bedenkt, überrascht es nicht mehr, daß die Drs. Pokorny und Jachimczyk zu dem Schluß gelangten, »die Wirkung von Mondphasen auf Totschlag, Selbstmord und geistige Erkrankungen muß als Mythos angesehen werden«. Ihre Schlußfolgerung läßt sich wohl kaum mit den Ergebnissen einer einzigen Studie rechtfertigen, der zudem eine andere Variable zugrunde lag als der, die sie zu widerlegen beansprucht. *Haltung und Wortwahl entsprangen einem wissenschaftlichen Dogma, das sich – fast reflexhaft – dem Wandel versagt.*

Die Existenz eines generellen Mondrhythmus gewaltsamer Todesfälle ist wissenschaftlich nachgewiesen. In einem vom National Institute of Mental Health geförderten Projekt fand Dr. Edward J. Malmstrom vom Wright Institute in Berkeley bei Totschlag und Selbstmord in Alameda County in Kalifornien und Denver County in Colorado im selben Fünfzehnjahreszeitraum, wie er in den Dade- und Cuyahoga-Studien (1956–1970) benutzt wurde, eine statistisch signifikante Mond-Periodizität heraus. Als Meßlatte verwendete er die Tatzeit, hielt sich eng an meine Computer-Methode, und orientierte seine statistischen Nachprüfungen an unserer Datenstruktur. Seine im Dezember 1977 im National Institute for Mental Health klassifizierte Untersuchung ist eine erfolgreiche und signifikante Replizierung meiner Feststellungen in zwei weiteren geographischen Bereichen.

3
Mond und Aggression

> . . . die tobsüchtige Phrenesie, die schwermüthige Melancholie, [. . .] den mondsüchtigen Wahnwitz . . .
>
> John Milton, *Das verlorene Paradies*, über die Folgen des Sündenfalls

Da der Mond das Leben eines jeden von uns beeinflußt, sollte dieser Einfluß nicht nur bei der drastischsten aller Gewalttaten, sondern auch in anderen Verhaltensweisen nachweisbar sein. Um die Reichweite unserer Untersuchung über den Mord hinaus zu erweitern, beschlossen wir, Daten über folgende Gewaltformen zu sammeln: Selbstmord, schwere Körperverletzung, tödliche Verkehrsunfälle, Einlieferung in die psychiatrische Notaufnahme. Fanden wir auch dort Beweise für lunaren Einfluß, dann bestärkte das unser Konzept vom Einfluß des Mondes auf die menschliche Aggression. Desgleichen wollten wir unsere Hypothese nachprüfen, der Mondeffekt sei auf die direkte und indirekte Schwerkraftwirkung zurückzuführen. Dazu mußten wir die Wirkung anderer Mondzyklen als des bloßen synodischen, sprich: der Mondphasen, auf das menschliche Verhalten untersuchen.

Der Mond umkreist die Erde einmal alle 29,5 Tage. Auf seiner Umlaufbahn reflektiert er mehr oder weniger Sonnenlicht.

Steht er zwischen Sonne und Erde, wirft er kein Sonnenlicht zu uns herab; wir befinden uns in der sogenannten Neumondphase oder im »Monddunkel«. Befindet sich der Mond auf der entgegengesetzten Seite der Erde, reflektiert er das volle Sonnenlicht, wir haben Vollmond.

Die Erde ist jedoch nicht der einzige Bezugspunkt für die Mondzyklen. Tatsächlich hat der Mond etwa vierhundert Umlaufszeiten. Im Sinne der Schwerkraftwirkung auf die Erde sind nur die synodische Umlaufszeit, die apogäisch-perigäische Umlaufszeit (Erdferne und -nähe), die tägliche Mondumlaufszeit und die ekliptische Umlaufszeit von Bedeutung.

Da Sonnen- und Mondeklipsen höchstens zweimal im Jahr stattfinden, lassen sich zur Nachprüfung der Wirkung der ekliptischen Umlaufszeit keine umfangreichen Daten sammeln. Was sich jedoch nachprüfen läßt, sind die Auswirkungen der täglichen Mondumlaufszeit und der apogäisch-perigäischen Umlaufszeit.

Das Apogäum tritt ein, wenn der Mond seine größte Entfernung von der Erde erreicht, im Perigäum kommt ihr der Mond am nächsten (die »anomalistische Umlaufszeit« – Apogäum–Perigäum – beträgt 27,5 Tage). Da sich die Schwerkraft umgekehrt quadratisch zur Entfernung zweier sich anziehender Objekte verändert, erhöht sich die Stärke der Mondanziehung im Perigäum. Die Apogäums- und Perigäumszeiten sind im *American Ephemeris and Nautical Almanac* verzeichnet. Ihm haben wir die präzisen Zeiten der Apogäen und Perigäen im Fünfzehnjahreszeitraum unserer Untersuchung entnommen. Dank kleinerer Modifizierungen des Computerprogramms konnten wir unsere Daten über Tötungsdelikte bezogen auf die anomalistische Umlaufszeit nachprüfen.

Fallen Neu- oder Vollmond mit der Erdnähe zusammen, so ist die Anziehungskraft auf die Erde hoch. In unserem Fünfzehn-

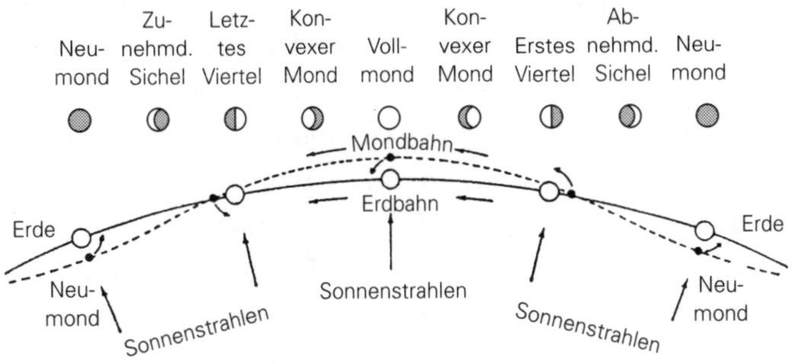

Erd- und Mondbahn während eines Mondmonats

jahreszeitraum geschah dies neunundzwanzigmal. Eine »Zeitfenster«-Analyse der Mordhäufigkeit in diesen neunundzwanzig Zeiten ergab negative Ergebnisse. Eine signifikante Abweichung von der Zufallserwartung war nicht auszumachen.

Zunächst schien das meiner Hypothese zu widersprechen. Hätten wir uns ausschließlich auf statistische Korrelationen verlassen, so hätte dies durchaus der biologischen Gezeiten-Theorie einen tödlichen Schlag versetzen können; womöglich hätten wir unsere Suche überhaupt eingestellt. Glücklicherweise beschränkten wir unsere Arbeit nicht auf den Computerraum.

Während unserer fünfjährigen Untersuchungen hörten wir uns unablässig die lokalen und nationalen Nachrichten an, und ich persönlich verbrachte viele Stunden beim Leichenbeschauer und prüfte nach, ob die gewaltsamen Todesfälle anstiegen. Ende August 1970, kurz nach Beginn unserer Studie, kam es zu einem Ausbruch schockierender Morde im Bereich von Miami. Zur gleichen Zeit gingen aus der ganzen Gegend Berichte über viele brutale Verbrechen ein, teils sexueller Art. Ich schaute in mein *Ephemeris* – die Tabelle mit den

Daten der kommenden astronomischen Ereignisse – und stellte fest, daß sich eine bedeutende Koinzidenz kosmischer Zyklen anbahnte. Vollmond, Mondperigäum und eine Eklipse trafen aufeinander, so daß Sonne, Mond und Erde in gleicher Linie standen und die Schwerkraftwirkung stark erhöht war. Verstärkt wurde die Schwerkraftbelastung noch dadurch, daß in den nächsten zwei Wochen die Herbst-Tag-und-Nachtgleiche anstand. Bei dieser seltenen Zyklenkoinzidenz melden die Meeresufer dramatisch hohe Fluten. Ich ging davon aus, daß dies nicht ohne Wirkung auf die biologischen Gezeiten bleiben würde. Und siehe da, ich hatte recht!

Während dieser Schwerkraftbelastung stieg in Dade County die Mordrate signifikant. Im September und Oktober 1970 betrug die Zahl der Tötungsdelikte das Doppelte des üblichen Monatsdurchschnitts. Viele Morde wiesen merkwürdig bizarre Züge auf. Am besten läßt sich das mit ein paar Beispielen aus jenem Zeitraum veranschaulichen.

Am 23. September 1970 arbeitete Socrates (»Shorty«) Johns, ein ehemaliger Rennfahrer, gerade im Reifengeschäft seines Sohnes, als drei bewaffnete Männer hereinkamen und ihn ausrauben wollten. Mr. Johns wehrte sich, obwohl er unbewaffnet war. Sie schossen auf ihn, verwundeten ihn aber nur. Johns rannte hinter seiner Theke hervor, jagte die Räuber aus dem Laden und verfolgte sie auf der Straße, worauf sich einer umdrehte und erneut schoß, diesmal wurde Johns getötet.

Am selben Tag, an dem Johns ermordet wurde, verließ Gyorgy Virag mit drei Begleitern ein Restaurant, als plötzlich zwei Männer mit Revolver vor ihnen standen. Einer schrie: »Das ist ein Überfall!« Mr. Virag brüllte: »Ich hole meine Pistole« und rannte zu seinem Wagen. Ein Angreifer schlug ihn nieder und verpaßte ihm anschließend einen Kopfschuß.

Am folgenden Tag versah die dreiundzwanzigjährige Debbie

Oldham ihren Dienst als Bedienung in der Casinobar, als zwei Männer hereinkamen und Sandwiches bestellten. Als einer der beiden plötzlich einen Revolver zog, reagierte Miss Oldham hysterisch, fuchtelte mit den Armen und rannte schreiend umher. Der Revolverheld verlor die Nerven und schoß viermal auf sie.

Alle drei Opfer verhielten sich in einer Situation auf Leben und Tod so, daß sie Gewalt geradezu auf sich lenkten. Möglicherweise löst Schwerkraftbelastung also nicht nur Aggression, sondern auch selbstzerstörerisches Verhalten aus. Die Tiefenpsychologie hat nachgewiesen, daß zwischen den beiden Verhaltensweisen eindeutig eine Verbindung besteht.

Angesichts dieser offenkundigen und dramatischen Zunahme gestörten Verhaltens beim Zusammentreffen von *drei* kosmischen Zyklen waren wir ratlos. Warum hatten wir beim Zusammentreffen von *zwei* Zyklen – Neu- oder Vollmond mit dem Perigäum – keine Zunahme der Mordfälle entdeckt? Der logische Widerspruch mutete enttäuschend an. Konnte es sein, daß mehr als zwei Mondzyklen zusammenkommen mußten, damit die Tötungsdelikte signifikant zunahmen?

Meiner Theorie zufolge sollte man eine Zunahme des Gewaltverhaltens immer dann erwarten, wenn die Schwerkraft den Normalwert übersteigt. Die Korrelation der Mordfälle in Dade County mit Neu- und Vollmond zeigte, daß schon *ein* Mondzyklus die Gewalthäufigkeit beeinflussen konnte. Wie war die nachfolgende widersprüchliche Feststellung zu erklären?

Die Lösung des Dilemmas ergab sich bei einem meiner Besuche im Labor von Dr. Frank Brown in Evanston. Ich war ihm mehrfach auf internationalen Konferenzen begegnet, und aufgrund der Parallelität unserer Forschungsabsichten hatte sich eine informelle Zusammenarbeit zwischen uns ergeben. Dr. Brown untersuchte das Pflanzen- und Tierleben auf mögliche

Wirkungen geophysikalischer Variablen auf ihre Aktivität. Ich stellte die aufgezeichnete rhythmische Aktivität seiner »Versuchsobjekte« in bezug auf die Mondphasen zusammen. Graphiken vom Stoffwechsel von Bohnenkernen, Kartoffelkeimlingen und Hamstern enthüllten eine regelmäßige Periodizität mit Spitzenwerten um die Zeit von Neu- und Vollmond. Bei der Prüfung einer Graphik über die Hamsteraktivität fiel mir auf, daß eine der Neu- oder Vollmondspitzen hin und wieder drastisch höher war. In anderen Fällen lag eine der Spitzen genau umgekehrt, die Aktivität nahm beträchtlich *ab*.

Ich fragte Dr. Brown nach der Disparität, und er sagte mir, *alle* Lebewesen zeigten ähnliche periodische Zu- und Abnahmen. Nach langjähriger Beobachtung sei er zu dem Schluß gelangt, daß sich die Organismen entweder in einem Zustand positiver oder negativer Aufnahmebereitschaft für ihre natürliche Umgebung befänden. Befinde sich ein Organismus im Zustand positiver Aufnahmebereitschaft, verstärke jede erhebliche Umgebungsstörung die Spitzenaktivität. Befinde er sich in negativer Aufnahmebereitschaft, verursache die Umgebungsstörung einen Phasenumschwung: die übliche Spitzenaktivität des Organismus gehe nunmehr nach unten. Positive oder negative Aufnahmebereitschaft schienen rein zufällig zu sein. Etwa die Hälfte der Zeit befinde sich ein Organismus in einem, in der anderen Zeithälfte im anderen Zustand.

Ich schloß daraus, wir Menschen erführen dieselben Zustände der Aufnahmebereitschaft. Es gibt keinen Grund für die Annahme, daß sich unsere Aufnahmebereitschaft für Umgebungseinflüsse von der der Pflanzen und Tiere unterscheidet (wenngleich wir mit Sicherheit über mehr Alternativen verfügen, damit fertig zu werden). Diese Wahrscheinlichkeit würde erklären, warum es unmöglich war, in einem einzigen Experiment eine Zunahme der *Zahl* der Morde während gewisser

Zeiten übermäßiger Schwerkraftbelastung nachzuweisen. Desgleichen würde es die ungewöhnlich bizarren Züge von Verbrechen erklären, die zu solchen Zeiten verübt wurden. Unausgeglichene Personen, die sich im Zustand positiver Aufnahmebereitschaft befinden, könnten dann zu größerem Exzeß in der Art ihres Gewaltausbruchs neigen.

Gleichzeitig aber befände sich natürlich etwa die Hälfte der Bevölkerung in einem Zustand negativer Aufnahmebereitschaft; diese Leute wären dann ungewöhnlich ruhig, vielleicht sogar introvertiert.

Viele Menschen haben das Gefühl, bei Neu- oder Vollmond am ruhigsten und entspanntesten zu sein. Einige meinen, diese Zeiten eigneten sich optimal für passive Betätigungen wie etwa die Meditation. Man sagt, bei Voll- und Neumond träten psychische Phänomene vermehrt auf oder würden verstärkt. Der Aufnahmebereitschaftsfaktor liefert ein deutliches Beispiel dafür, wie leicht die bloße Statistik in die Irre führen kann. Wenn zu einer bestimmten Zeit die Hälfte der Bevölkerung dazu neigt, in Erregungszustände zu verfallen, und die andere Hälfte besonders ruhig wird, dann verändert sich die Durchschnittszahl von Gewaltakten nicht besonders. Die Zwischenfälle aber, die in solcher Zeit tatsächlich eintreten, weisen in der Regel dramatische Züge auf. Dasselbe Konzept erklärt zum Teil auch, warum wir uns, wenn wir Mondeinflüsse näher untersuchen, statistisch gesehen mit kleinen Wirkungen befassen.

Dr. Brown hat schon lange die ausschließliche Benutzung von Statistiken bei der Dokumentierung aufgegeben. Er vertraut viel mehr auf detaillierte Langzeitbeobachtungen. Andere Forscher, die sich mit Mondwirkungen beschäftigen, sind der gleichen Meinung wie er. Statistiken können immer nur einen Querschnitt für einen bestimmten Zeitpunkt vermitteln. Dieses Bild ist statisch und spiegelt die dynamische Wechselwirkung zwischen Organismus und Umgebung überhaupt nicht wider. Für die Abgrenzung der Periodizität sind statistische Methoden zwar nützlich, aber ihre Aussagekraft ist begrenzt.

Wir prüften unsere Daten anhand der täglichen Mondumlaufszeit. Sie ist maßgeblich für die zweimal täglich auftretende Ebbe und Flut und ergibt sich aus der Umdrehung der Erde um ihre Achse im Verhältnis zu Mond und Sonne. Der obere und untere Monddurchgang bezeichnet die beiden Zeitpunkte am Tag, an denen der Mond die höchste Anziehungskraft ausübt. Unsere Untersuchung ergab keine Korrelation zwischen Mord und Mondumlaufszeit.

Mir wurde klar, daß der Mondphasenzyklus der Schlüsselzyklus des Mondes für den Zeittakt pflanzlicher, tierischer und menschlicher Aktivität ist. Die anderen Mondumlaufszeiten bleiben für sich genommen relativ folgenlos. Wirken eine oder mehrere davon jedoch an bestimmten Punkten mit dem synodischen Zyklus zusammen, dann tragen sie zu Lunareffekten bei. (Die Meteorologen berichten Ähnliches. Der synodische Zyklus ist bei der Zeitberechnung von Lunareffekten auf das Wetter der wichtigste.)

Oben schon sagte ich, daß wir unsere Untersuchung über die Tötungsdelikte hinaus auf andere aggressive Verhaltensweisen erweiterten. Wir beschafften uns die Aufzeichnungen von Dade County über die Häufigkeit schwerer Körperverletzung, der Selbstmorde, tödlicher Verkehrsunfälle und der Einlieferung in die psychiatrische Notaufnahme. Inwieweit letztere als aggressiv zu werten ist, darüber läßt sich streiten; in unserer Datensammlung ergab sich, daß sich 80 Prozent der Patienten auf eine Art und Weise verhielten, die für sie oder für andere eine Gefahr darstellte. Ein Viertel hatte einen Selbstmordversuch unternommen.

Über die untersuchten Verhaltensweisen sammelten wir

Daten für Zeiträume zwischen fünf und fünfzehn Jahren. Mit einer Ausnahme wurden sie so gefiltert, daß Fälle mit ungewisser Zeitangabe ausschieden. Die Ausnahme waren die Selbstmordfälle. Gemeinhin ist bei einem Selbstmord kein Zeuge zugegen. Die Person wird erst einige Zeit nach ihrem Tod entdeckt. Bei Selbstmorden wird die Tatzeit in Polizeiuntersuchungen und durch Autopsie geschätzt. Viele Selbstmordfälle mußten wir beiseite lassen, weil die Schätzung offenkundig unzuverlässig war. Dennoch bezogen wir ausreichend dokumentierte Selbstmorde ein, weil in neueren Untersuchungen ein Mondeinfluß nachgewiesen worden ist.

Als wir jeden Verhaltenstypus gegen den Mondphasenzyklus abprüften, stellten wir in allen Fällen eine signifikante Korrelation fest, ausgenommen beim Selbstmord. Trotz dieser Ausnahme erscheint es wahrscheinlich, daß auch der Selbstmord in gewisser Weise mit den Mondphasen in Verbindung steht, denn das andere Zerstörungsverhalten zeigt ganz deutlich eine Mond-Periodizität. Wahrscheinlich lag es beim Selbstmord an den ungenauen Angaben, daß das Ergebnis hier negativ war.

Die schwere Körperverletzung, die im wesentlichen dem Tötungsdelikt nahekommt mit dem Unterschied, daß das Opfer überlebt, wies um Vollmond einen Spitzenwert auf. Eine sekundäre Spitze zeigte sich kurz vor Neumond. Die Spitzen entsprachen denen bei den Tötungsdelikten.

Bei der Gewalt gegen andere schälte sich eine deutliche Vorliebe zur Vollmondzeit heraus, mit etwas geringerer Häufigkeit um Neumond. Bei den tödlichen Verkehrsunfällen lagen die Spitzenwerte zwischen dem ersten Mondviertel und Vollmond und erneut im letzten Mondviertel. Die Spitzenwerte bei der Einlieferung in die psychiatrische Notaufnahme ergaben sich im Umfeld des ersten und letzten Mondviertels; bei Neu- und Vollmond ging sie signifikant zurück.

Schwere Körperverletzungen und Selbstmorde, eingezeichnet im Verhältnis zum synodischen Mondzyklus*
Dade County, Florida

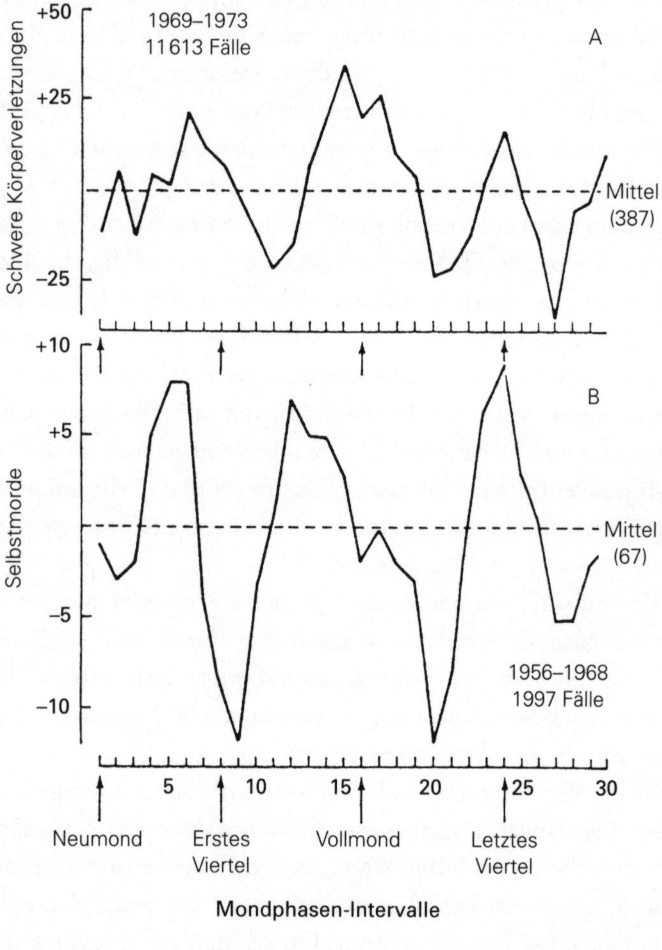

* Die Daten wurden mit einer Durchschnittsverschiebung von 3 Punkt geglättet. Die Kurven sind um den Mittelwert eingetragen. Man beachte die Ähnlichkeit der beiden Periodizitäten im Verhältnis zum synodischen Zyklus des Mondes.

In einer früheren Ausarbeitung über die Aufnahmen in die klinische Psychiatrie stellte Dr. Roger Osborn fest: »Sofern wir davon ausgehen, daß die Mondphase die Aufnahmen beeinflußt, kann es vorkommen, daß mondbeeinflußte Störungen erst dann für ernst genug genommen werden, um eine Einlieferung zu rechtfertigen, wenn sie mehrere Tage anhalten. Ist dies der Fall, dann liefe die tatsächliche Aufnahme der eigentlichen Mondphase hinterher.« Unterlägen die Notaufnahmen derselben Verschiebung, so würde dies die verzögerten Spitzenwerte erklären.
Bei der Eintragung der Fälle schwerer Körperverletzung auf den synodischen Zyklus ergab sich eine Kurve, die bemerkenswert der Selbstmordkurve glich. Die beiden Kurven verliefen während des ganzen Mondphasenzyklus weitgehend parallel, womit zu vermuten ist, daß der schweren Körperverletzung und dem Selbstmord gemeinsame psychodynamische Merkmale unterliegen. Zwischen Selbstmord und tödlichen Verkehrsunfällen ergab sich eine bescheidene Korrelation; dies stützt die verbreitete Auffassung, daß viele tödliche Unfälle als Selbstmord gelten können.
Selbstmord, Unfalltod und schwere Körperverletzung können Verhaltensalternativen zum Abreagieren aggressiver Triebe sein, die auf die Zerstörung des Ichs oder anderer abzielen. Diese Triebe sind nunmehr mit dem regelmäßigen und anhaltenden Mondrhythmus korreliert.
Unsere Feststellungen mündeten in dem Schluß: Zwischen der menschlichen Aggression und dem Mondphasenzyklus besteht eine Beziehung. Aggression läßt sich im Freudschen Sinne als psychologischer Grundtrieb begreifen, oder man kann sie wie Konrad Lorenz als allen Tieren einschließlich des Menschen angeborene biologische Funktion ansehen. In beiden Fällen ist zu erwarten, daß sie wie alle fundamentalen Lebensfunktionen ein periodisches Muster aufweist, das als

Einlieferungen in die Psychiatrie und tödliche Verkehrsunfälle, eingezeichnet im Verhältnis zum synodischen Mondzyklus*
Dade County, Florida

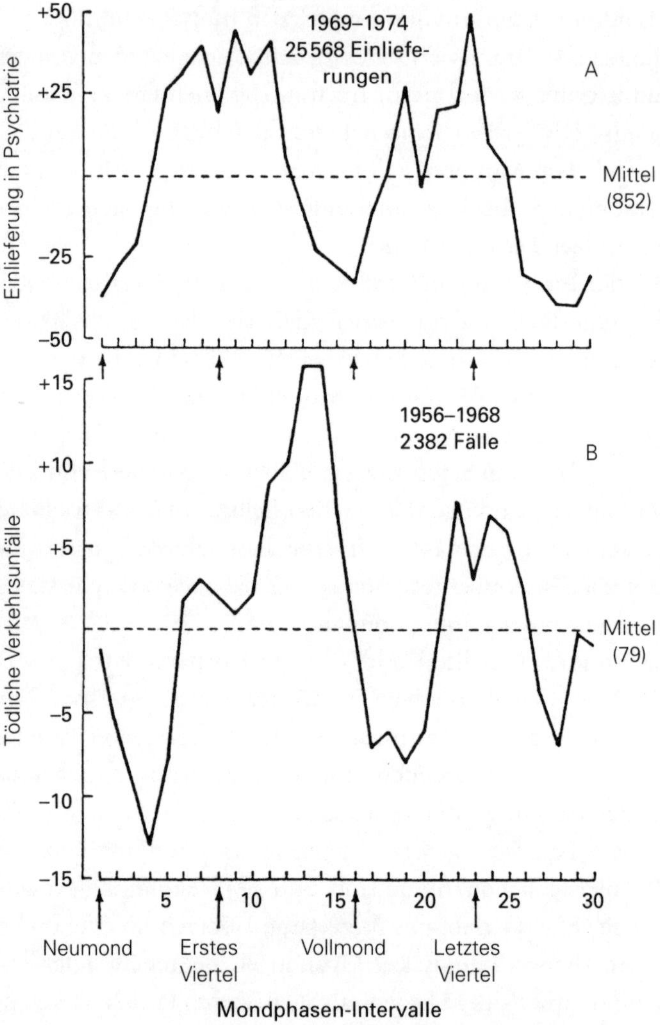

*Die Daten wurden mit einer Durchschnittsverschiebung von 3 Punkt geglättet. Die Kurven sind jeweils um den Mittelwert eingezeichnet. Man beachte die Ähnlichkeit der beiden Periodizitäten im Vergleich zum Mondphasenzyklus.

biologischer Rhythmus bekannt ist. Das Beweismaterial deutet auf einen grob monatlichen biologischen Rhythmus der menschlichen Aggression hin, der mit der synodischen Mondumlaufszeit zusammenspielt.
Die Ergebnisse der vier nachfolgenden, unabhängigen Untersuchungen des Mondes im Zusammenhang mit dem menschlichen Verhalten bestätigen unsere eigenen Feststellungen.

- Jodi Tasso und Elizabeth Miller von der Psychiatrieabteilung des Edgecliff College in Cincinnati veröffentlichten 1976 einen Bericht über die Häufigkeit von Vergewaltigung, Raub, Körperverletzung, Einbruch, Diebstahl, Autodiebstahl, Vergehen gegen Familie und Kinder und betrunkenem oder gestörtem Verhalten. Sämtliche Kategorien nahmen bei Vollmond zu.
- Gerald N. Weiskott und George B. Tipton untersuchten die Einlieferungsakten der staatlichen Psychiatriekliniken in Texas über neun Monate. Bei Vollmond wurden signifikant mehr Patienten eingeliefert als bei Neumond. Die Einlieferungen während jeder Mondphase wurden mit der Zufallserwartung verglichen. Bei Vollmond und im letzten Mondviertel ergaben sich größere Anteile.
- Sheldon Blackman und Don Catalina befaßten sich mit den Einlieferungen in die Notaufnahme eines Gemeindepsychiatriezentrums in Staten Island, New York, während eines Jahres. An Vollmondtagen gab es erheblich mehr Einlieferungen als während des übrigen Monats. Beim Vergleich ihrer Daten mit bestimmten Wettervariablen konnten Blackman und Catalina keine Beziehung zwischen der Sichtbarkeit des Mondes und der höheren Einlieferungsrate bei Vollmond ausfindig machen.
- Klaus-Peter und Margitta Ossenkopp erkannten bei den selbstzugefügten Verletzungen ambulant wegen seelischer

Störungen behandelter Frauen in Kanada eine Mond-Periodizität.

Durch die Ergebnisse unserer erweiterten Studie und mehrere Jahre Erfahrung bestärkt, beschlossen wir, uns auf das Risiko einzulassen und einen Zeitpunkt verhaltensverursachter Erschütterungen vorherzusagen. Im Spätsommer 1973 fiel mir ein Artikel im Wissenschaftsteil von *Time* in die Hände, der besagte, im Januar und Februar 1974 träfen mehrere kosmische Zyklen aufeinander, die ungewöhnlich hohe Flutwerte ergäben. Erde, Mond und Sonne stünden dann in gerader Linie (man nennt diese Konstellation »Syzygie«), wobei zudem das Mondperigäum der Erde ungewöhnlich nahekomme. Außerdem stelle sich dann das Perihelium ein (größte Erdnähe der Sonne). 1962 hatte eine ungewöhnlich hohe Flut allein entlang dem mittelatlantischen Meeresufer vierzig Todesfälle und einen Sachschaden von 500 Millionen Dollar verursacht. Windstöße von bis zu 70 Knoten hatten das Meer aufgewühlt und 2,80 Meter über die durchschnittliche Tiefwassermarke hochgetrieben. (Von den ähnlich dramatischen Verhaltensfolgen einer vergleichbaren Planetarkonstellation im September 1970 sprachen wir bereits.)
Ich alarmierte meine Horchposten im Polizeipräsidium von Miami, in den Medien vor Ort, in der Notaufnahme des Jackson Memorial Hospital und im Amt des Leichenbeschauers von Dade County. Wir wollten versuchen, jeden Anstieg in den bereits untersuchten Verhaltensweisen zu dokumentieren. In einem Brief an den amtlichen Leichenbeschauer Dr. Joseph Davis sagte ich eine allgemeine Störung des menschlichen Verhaltens während der bevorstehenden kosmischen Konstellation voraus. Ich prophezeite, die Notaufnahmen würden zunehmen, die Einlieferungen in psychiatrische Kliniken würden steil ansteigen, auch Unfälle aller Art mehrten sich

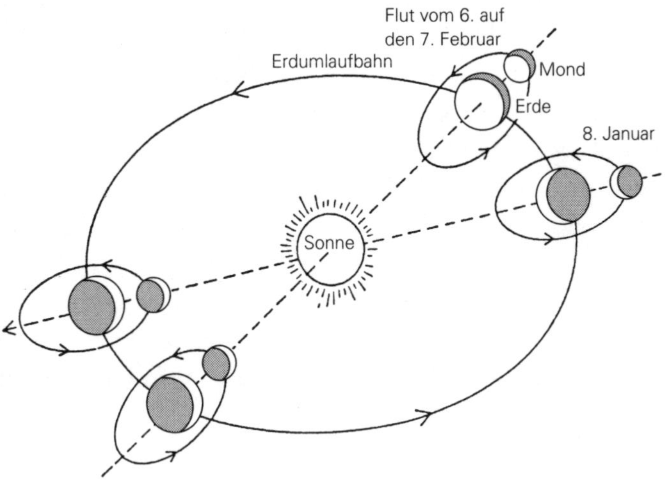

Die Linienstellung von Sonne, Erde und Mond führte 1974 zu einer verheerenden perigäischen Springflut.

und es käme zu einer Zunahme der Tötungsdelikte. Ich ließ Dr. Davis wissen, er solle nach Morden »qualitativ bizarrer und brutaler Natur einschließlich vom Opfer provozierter Morde« Ausschau halten. Auch die praktische Bedeutung des Experiments betonte ich: »... wenn es uns tatsächlich gelingt, selbst seltene Zeiten allgemeiner Verhaltenserschütterungen vorherzusagen, dann können wir künftig vielleicht Abhilfen vorschlagen.« Nachdem ich es gewagt hatte, meine Voraussage schwarz auf weiß niederzulegen, wartete ich nun gespannt auf die kosmische Konstellation.

Wie erwartet war die Hölle los, vor allem in den zwei ersten Januarwochen, als sich der Mond der Erde auf bloße 347 000 Kilometer näherte. Die Meere waren aufgewühlt. Am 9. Januar wurde Kalifornien von einer unglaublich zerstörerischen perigäischen Springflut verwüstet. Die Windrichtung verstärkte die Wirkung noch.

Zu Hause in Miami brachte die *News* am 21. Januar die Schlagzeile POLIZEI VON STEILEM ANSTIEG DER MORDRATE SCHOCKIERT. In den ersten drei Wochen des angebrochenen Jahres forderte der Mord einen Zoll, der dreimal höher war als im gesamten Januar 1973. Dies stellte die Polizei vor schwere Probleme, zumal die Verbrechen besonders brutal waren und in einigen Fällen ein offensichtliches Motiv fehlte. Nachstehend ist nur ein Teil der bizarren und brutalen Ereignisse aufgeführt, die während dieser Zeit außergewöhnlicher kosmischer Belastung eintraten. Allein in den drei ersten Januarwochen kam es in Miami und Umgebung zu neun brutalen Morden:

- In Orlando wurden zwei Polizisten unabhängig voneinander ermordet.
- Samuel Carson unterhielt sich vor dem Haus mit ein paar Freunden, als plötzlich – und ohne ersichtlichen Grund – zwei Schüsse fielen, von denen ihn einer tödlich verwundete.
- Am selben Abend, an dem Carson ermordet wurde, wurde eine Siebzigjährige auf einem Friedhof brutal niedergeschlagen und vergewaltigt. Sie starb tags darauf.
- Ein vierzigjähriger Mann erstach seinen fünfundzwanzigjährigen Sohn nach einem Streit.
- Ein fünfundsiebzigjähriger Streuner wurde mit einem Brett mißhandelt; anschließend wurde ihm am hellen Tage und ohne ersichtlichen Grund in einer Abfallhalde nahe des Zentrums von Miami die Kehle durchgeschnitten. (»Das gibt es nur selten, daß ein Landstreicher auf diese Weise umkommt«, sagte ein Mitarbeiter der Mordkommission.)
- Ein zweiunddreißigjähriger Arzt vom Jackson Memorial Hospital wurde in seiner Wohnung gefesselt, mißhandelt und erwürgt.

– Ein Mann erschoß seine Frau, richtete dann auf dem Rücksitz eines fahrenden Wagens die Waffe gegen sich (auf den Vordersitzen saßen die beiden Kinder des Ehepaares und der Schwager des Mannes als Wagenlenker).

Natürlich blieben die Vorfälle exzentrischer und bizarrer Gewaltanwendung nicht auf das Gebiet von Miami beschränkt. Zu den vielen, rund um die Welt gleichzeitig verübten brutalen Morden gehörten:

– In einer Vorstadt von New York entführten drei Teenager einen Vierzehnjährigen und verlangten Lösegeld. Obwohl 15 000 Dollar bezahlt wurden, erwürgten sie ihren Gefangenen (die Leiche des Jungen wurde in einem schneebedeckten Wald, an einen Baum gefesselt, vorgefunden).
– In Taos, New Mexico, verpaßte ein arbeitsloser Landarbeiter jedem seiner Kinder einen Kopfschuß. Drei starben.
– In São Joaquin, Brasilien, schlitzte eine Frau die Brust ihres zehn Monate alten Sohnes mit einer Machete auf, um einen Dämon zu befreien. (Der Mord geschah in Gegenwart der übrigen vierzehn Familienmitglieder.)
– In Wichita, Kansas, wurden vier Mitglieder einer Familie zu Hause ermordet. Jedes Opfer wurde schwer mißhandelt und dann getötet. (Eines hatte einen Plastiksack über dem Kopf. Zwei wurden erwürgt. Das vierte wurde an Leitungsrohren im Keller aufgeknüpft.)

Nicht nur Menschen traf die übermäßige Gezeitenbelastung. Mir wurde von einem tonnenschweren afrikanischen Wasserbüffel berichtet, der allgemein als zahmes und williges Tier galt, jetzt aber plötzlich in Rage geriet, ausbrach und einen Tierpfleger zu Tode trampelte.
In Dade County nahmen in den drei Monaten Januar bis ein-

schließlich März 1974 die Todesfälle aller Ursachen signifikant zu. Die Noteinlieferungen in psychiatrische Kliniken stiegen sprunghaft und drastisch an und lagen allein im Januar um 35 Prozent höher als im Vormonat. In den drei Monaten betrugen sie fast 40 Prozent mehr als im selben Zeitraum des Vorjahres. Das psychiatrische Institut am Jackson Memorial Hospital war in den drei Monaten fast zum Bersten gefüllt: Die durchschnittliche Tagesaufnahme lag erheblich höher als im selben Zeitraum der beiden Vorjahre.

Welcher Art die ansteigenden Gewaltakte sein würden oder wie stark sie zunähmen, konnten wir nicht vorhersagen. Aber *daß* es zu einer massiven Zunahme kommen würde, konnten wir anhand des Zusammentreffens der kosmischen Zyklen prophezeien.

Den Gewaltausbruch in den ersten drei Januarwochen von 1974 sagten wir zutreffend voraus. Die Aufteilung der Gewalttaten ließ sich statistisch schwer vollziehen. Rein statistisch gesehen hatten nur die Notaufnahmen signifikant zugenommen. Dennoch: Dr. Davis, die Polizeimitarbeiter der Stadt und die Mitarbeiter der Medien, denen ich meine Vorhersage mitgeteilt hatte, waren beeindruckt.

4
Der Mond und die Naturzyklen

Der Mond ist nichts anderes
als ein ambulanter Herkulestrank,
göttlich subventioniert, die Erde zu steigenden
Geburtenziffern anzuregen.

Christopher Fry, *Die Dame ist nicht fürs Feuer*

Seit Urzeiten ist offenkundig, daß Leben ein rhythmischer Prozeß ist. Schon Aristoteles sagte, die Lebensrhythmen seien nicht immer exakt, und oft lägen sie nicht offen zutage.
Einige bekannte Rhythmen wurden neuerdings näher untersucht: Schlafen und Wachen, Ernährung, körperliche Betätigung, Sexualität und Fortpflanzung. Innerhalb einer Spezies gelten diese Rhythmen für alle, wenngleich ihre präzise Zeitgestaltung variieren mag. So kennen wir Leute, die eindeutig »Nachtmenschen« oder »Tagmenschen« sind, und darin kommt ihr physischer Aktivitätszyklus zum Ausdruck. Auch die Essenszyklen schwanken sehr. Der eine verschlingt ein riesiges Frühstück, dem anderen wird nach dem morgendlichen Aufstehen schon beim Geruch von Nahrung übel.
In früherer Zeit wurden diese Zyklen als mit der Bewegung der Himmelskörper verbunden kommentiert, aber die moderne Wissenschaft hat sich nur langsam zu einem solchen

Verständnis durchringen können. In den achtziger und neunziger Jahren des vorigen Jahrhunderts tauchten Berichte auf, die biologische Rhythmen dokumentierten. 1898 veröffentlichte der dänische Nobelpreisträger Svante Arrhenius eine Abhandlung über biologische Rhythmen. Vor rund fünfzig Jahren bezeichneten Dr. Franz Halberg und seine Kollegen von der University of Minnesota die biologischen Rhythmen als »zirkadiane Rhythmen«. »Zirkadian« bezieht sich auf Lebensabläufe, die den (24-Stunden-) Tag umschließen, somit auf die vielen täglich wiederkehrenden Zyklen. Andere biologische Zyklen wiederholen sich in längeren Abständen, beispielsweise der Menstruationszyklus. Wieder andere, wie die im normalen Schlaf ablaufenden, sind jeweils nur von kurzer Dauer. Zyklen sind in einer Vielfalt menschlicher Funktionen nachgewiesen – Temperatur, Pulsschlag, Schmerzempfinden, Farbempfinden und so weiter. Sie dauerten auch bei Menschen fort, die in tiefe Höhlen hinabstiegen und sich dort monatelang aufhalten. Der Mensch ist geradezu eine Sinfonie aus Rhythmen und Zyklen.

Gestört werden können biologische Rhythmen durch Einflüsse wie Traumata, Krankheit, Wärme, Kälte und Wetter. Wie Fernreisen den normalen Aktivitätsrhythmus durcheinander bringen können, belegt beispielsweise der uns mittlerweile vertraute »Jet-lag«.

Vor kurzem wurde entdeckt, daß jede der vier Substanzen: schweres Wasser, Dalinomycin (ein Antibiotikum), Alkohol und Lithium die biologischen Rhythmen verändern kann. Auch die Benutzung des künstlichen Lichtstimulus kann die Rhythmen verschieben oder »verladen«, wenn die Versuchsperson vom Sonnenlicht isoliert ist. Doch auch verschoben funktionieren die Rhythmen regelmäßig weiter.

Sogar der unter Laborbedingungen vom Licht der Sonne und des Mondes isolierte Mensch äußert weiterhin Sonnentag-

Rhythmen (24 Stunden), Mondtagrhythmen (24,8 Stunden), mondsynodische Monatsrhythmen (29,5 Tage) und Jahresrhythmen. Da sie auch in dauerhaft abgeschottet geglaubten Situationen fortdauern, ging man davon aus, die Rhythmen gehorchten einer Art innerer Uhr. Viele Forscher auf dem Gebiet der biologischen Rhythmen bekennen sich zur Theorie von der biologischen Uhr. Diese selbstregulierende Uhr soll in jeder Zelle aller Lebewesen vorhanden sein. Sie bestimme die individuellen Rhythmen und erhalte sie, unabhängig von allen Außeneinflüssen.

Eine zweite Theorie der biologischen Rhythmen hat sich der verstorbene Dr. Frank Brown zu eigen gemacht, der als Hauptverfechter der *extrinsischen* (also von außen bewirkten) Zeittakttheorie der biologischen Rhythmen galt. Seiner Meinung nach nehmen die Rhythmen ihren Zeittakt von äußeren Auslösern auf, die von den kosmischen Zyklen ausgehen. Kosmische Zyklen verursachen regelmäßige Schwankungen in unserer Umgebung. Die Ökologie des Menschen ist ein Echo dieser Rhythmen; ein offenkundiges Beispiel für dieses Muster sind der Auf- und Untergang der Sonne. Ein anderes sind Ebbe und Flut; die Gezeiten hallen in uns in einer Doppelperiode wider, die etwas länger ist als der Sonnentag.

Der auffälligste Zeittaktgeber ist das Licht. Dr. Brown wies nach, daß Tiere ihre Betätigungsperioden nach der allmählichen, jahreszeitbedingten Länge des Tages hinauszögern oder vorverlegen. Im Labor lassen sich die Lichtbedingungen so variieren, daß das Funktionieren dieses Mechanismus nachweisbar wird.

Den am Meeresufer lebenden Tieren liefert der Wechsel der Gezeiten Schlüsseleinsichten. So bestimmen sie beispielsweise, wann die beste Zeit fürs Aktivwerden und Fressen gekommen ist. Winterkrabben hasten umher und ernähren sich nach Maßgabe der Gezeiten, aber ihre Haut wird nach einem sonnentagregierten Muster dunkler oder heller. Zwei Rhythmen – ein solarer und ein lunarer – sind also im selben Lebewesen wirksam. Dr. Brown war der Ansicht, die rhythmische Reaktion der Winterkrabben hänge nicht von einem komplexen Uhrmechanismus, sondern von natürlichen Kreisläufen ab. In Landtieren findet sich die lunare Reaktion als Nachhall ihrer Evolution vom Wasser- zum Landgeschöpf (einstmals lebten alle irdischen Organismen im Wasser und wurden von den Gezeiten beeinflußt).

Wie das Licht der Sonne als Zeittaktgeber agiert, ist leicht einsichtig, aber wie kann die Schwerkraft des Mondes so wirken? Im Gezeitenwasser lebende Schalentiere könnten ihre Signale vom Fluß der Gezeiten erhalten, genausogut aber auch auf andere Weise. Zur Untersuchung von Gezeitensignalen ließ Dr. Brown Austern vom Meeresufer in Connecticut auf dem Luftweg in sein Labor in Evanston bringen.

Man wußte, daß die Austern ihre Schale bei Flut öffneten. Im Labor wurden die Bedingungen peinlich genau überwacht. Kein von außen kommendes Signal durfte zu den Austern in ihren Meerwasserbehältern gelangen. Während der ersten Woche öffneten die Austern ihre Schalen jeweils dann, wenn in ihrem Herkunftsbett in Connecticut Flut herrschte. Sie setzten ihren gewohnten Rhythmus fort. Doch als zwei Wochen vorbei waren, änderte sich ihr Zeitgebaren. Nunmehr öffneten sie ihre Schalen, wenn der Mond in ihrer neuen Heimat Illinois im Zenit stand. Hätte Evanston am Meer gelegen, so hätte jetzt Flut geherrscht. Folglich mußten die Austern ihre Signale unmittelbar aus der Anziehungskraft des Mondes beziehen!

Doch wie konnten sie die Anziehungskraft des Mondes überhaupt spüren, wo sie doch völlig von der »Außenwelt« abgeschottet waren? Hier lautet die Spekulation, die Schwerkraft des Mondes verändere die elektromagnetischen Felder, die *jeden* lebenden Organismus umgeben. Die Austern spürten die Veränderung und paßten sich ihr an. Die Theorie der Forscher lautet, ein Teil des Nervensystems erhalte Feldveränderungssignale.

Wie auch immer sie die Anziehungskraft wahrnehmen – Myriaden von Meereskreaturen werden von den Rhythmen des Mondes berührt. Exakte Mondrhythmen sind auch in den Reproduktionszyklen von Fischen nachgewiesen worden. Der kalifornische Ährenfisch (*Leuresthes tenuis*) bringt nur in Nächten unmittelbar nach Voll- oder Neumond Nachkommenschaft hervor. Die europäischen Aale treten ihre Wanderschaft zu den Laichgründen im Sargossameer bei abnehmendem Mond an. Die Pänultimakrabbe ist bei Flut am aktivsten, die Winterkrabbe bei Ebbe.

Einige marine Geschöpfe legen eine hochentwickelte Mondempfindlichkeit an den Tag. Der Palolowurm von Samoa und den Fidschiinseln verbringt fast sein ganzes Dasein innerhalb von Korallenriffen und taucht nur in der Nacht vor dem letzten Mondviertel im Oktober und November auf, um sich zu paaren. Die vor Eiern und Spermen strotzende lange Hinterhälfte dieser Würmer wird abgestoßen und gleitet zur Oberfläche, wo die Inselbewohner sie körbeweise absahnen. Das ist jedesmal an einem Festtag, und das Zusammentreffen der Wurmernte mit den Festtagen ist nur möglich, weil der Mondkalenderzeittakt *präzise* ist. Dieses Ereignis hat nichts mit maximaler Gezeitenanziehungskraft zu tun, die bei Vollmond am stärksten wäre, sondern wird von einer bestimmten Sequenz des Mondzyklus gesteuert.

Das traditionelle Fischerwissen von der lunaren Zeitsteuerung der Meereskreaturen ist mittlerweile modernisiert worden. Ein Mann, der sinnigerweise den Namen John S. Haddock[1]

[1] Auf deutsch hieße er »Schellfisch«. (Anm. d. Übers.)

trägt, hat am Computer einen »Fischanbeiß-Stundenkalender« zurechtgebastelt. Danach gibt es täglich vier Perioden, in denen der Fütterungsmondstimulus wirkt. Diese Stimulusperioden stimmen nie mit derselben Tagesuhrzeit überein, denn der Mondtag ist etwas länger als der Sonnentag. Der Haddock-Kalender konvertiert die Mondzeit in Sonnenzeit und berücksichtigt die geographische Abweichung. Damit kann der Angler anhand seiner Uhr feststellen, wann seine Fangaussichten am besten sind. Mr. Haddock behauptet, die meisten Rekordfischfänge geschähen während der mondstimulierten Nahrungssuche. Hier sollte man bedenken, daß die Sonnenzeit allein keinerlei Hinweis auf den Nahrungsrhythmus der Fische böte.

Die von Dr. Brown entwickelte *extrinsische* oder kosmisch-zyklische Zeittakttheorie wird nur von einer Minderheit vertreten. Aber allmählich bequemen sich viele Rhythmusforscher und -wissenschaftler in anderen Bereichen zu seinen Vorstellungen und wenden sie bei der Gestaltung ihrer eigenen Arbeiten an. Meiner Meinung nach ist die Brownsche Theorie die einfachere und elegantere der beiden Theorien von den biologischen Rhythmen. Die extrinsische Zeittakttheorie geht von Kräften und Systemen aus, deren Existenz und Funktionsweise bekannt sind: kosmische Zyklen, Sinne, Nervensysteme und so weiter. Meine eigene Erforschung der Mondphasen im Verhältnis zum menschlichen Verhalten spricht eher für Browns extrinsische Zeittakttheorie.

Unter den Naturkreisläufen, deren Zeittakt mit dem Mond in Zusammenhang steht, ragt der Reproduktionszyklus heraus. Wie oft verbinden wir die Mondnacht mit Liebe und Romantik! Verbirgt sich hinter diesem romantischen Klischee ein biologisches Prinzip, eine weitere Verbindung zu den Geheimnissen des Mondes? Ist der Vollmond vielleicht doch mehr als bloße szenische Inspiration für Liebende? Er ist es –

zumindest für den Seeigel. Sein Reproduktionszyklus folgt haargenau dem Mondzyklus.
Überall auf der Welt besteht nach dem Volksglauben eine Verbindung zwischen dem Mond und dem menschlichen Reproduktionszyklus. Ist das reiner Aberglaube? In Indien zum Beispiel glaubt man, daß die Mondphase, unter der ein Kind empfangen wird, sein Geschlecht bestimme. Desgleichen gilt es dort als ausgemacht, daß an Voll- und Neumondtagen und -nächten mehr Kinder zur Welt kommen. Die Navajo-Indianer meinen, bei Vollmond würden wegen der Anziehungskraft des Mondes auf das Fruchtwasser – einer Art biologischer Gezeit – mehr Kinder geboren.
Allmählich arbeitet sich die wissenschaftliche Forschung auf die Höhe des Volksglaubens vor. 1961 hat der Berliner Arzt Dr. Hilmar Heckert in mehreren Bereichen, darunter Geburt und Tod, Mondrhythmen bei Menschen nachgewiesen. In einer 1966 im *Journal of Genetic Psychology* veröffentlichten Studie berichtete Robert McDonald, in seinem Datenpaket gebe es bei Voll- und Neumond erheblich mehr Geburten.
Ein weiterer wissenschaftlicher Forschungsbereich betrifft den Zusammenhang des Menstruationszyklus mit dem Mondmonat. Seit jeher glaubt man, daß diese beiden Zyklen in etwa dieselbe Zeitlänge aufweisen. Viele Wissenschaftler, darunter auch Dr. Heckert, behaupten, einen Zusammenhang zwischen dem Zeittakt des Menstruationszyklus und dem Mondmonat nachgewiesen zu haben. Der oben erwähnte Arrhenius berichtete schon 1898 in seinem Referat über biologische Rhythmen darüber. Ähnliche Studien wurden von Romer (1907), Bramson (1929) sowie H. Guthmann und D. Oswald (1936) veröffentlicht; sie wiesen nach, daß eine signifikante Zahl von Menstrualzyklen bei Voll- oder Neumond einsetzten.
1959 legten Walter und Abraham Menaker eine Studie über

das Zeitverhalten der menschlichen Fortpflanzung in bezug auf den Mondzyklus vor. Sie stützten sich auf eine äußerst umfangreiche Datenmenge. Sie untersuchten vorhandene Ausarbeitungen über die Dauer des Menstruationszyklus und gelangten zu der Feststellung, der menschliche Menstruationszyklus sei nicht etwa ungefähr so lang wie der Mondmonat, sondern *genausolang* – neunundzwanzigeinhalb Tage.
Zur Untersuchung der menschlichen Schwangerschaftszeit benutzten sie die Aufzeichnungen über 250 000 Geburten. Die Schwangerschaftsdauer beträgt *präzise* neun Mondmonate: 265,8 (aufgerundet: 266) Tage. Sie schlossen daraus, daß das menschliche Reproduktionssystem nicht der siderischen (»Stern«-), sondern der lunaren Zeit folgt. Bei Vollmond, so wurde dokumentiert, traten mehr Geburten ein als während anderer Mondphasen – auch dies ein statistischer Beweis für die Richtigkeit eines Volksglaubens, den man einst für Aberglauben hielt. Was wir nicht wissen, ist, ob bei Vollmond mehr Geburten auftreten, weil sich die Empfängnis nach dem lunaren Zeittakt richtet, oder ob die Schwerkraftwirkung des Vollmondes auf den Gebärprozeß dafür verantwortlich ist – eine Beschleunigung der Wehen, meinen die Navajos.
In Spekulation über den möglichen Zusammenhang zwischen Mond und Körper ließen die Menakers anklingen, vielleicht unterliege der Mensch biologischen Gezeiten: »Da unser Körper etwa zu zwei Dritteln aus ›Meer‹ und zu einem Drittel aus ›Land‹ besteht, kommen wir an ›gezeitenhaften‹ Wirkungen nicht ohne weiteres vorbei.« Diese Spekulation in einem Forschungsbereich, der dem meinigen, dem des Gewaltverhaltens, sehr fern liegt, stützt die biologische Gezeiten-Theorie.
Anhand ihrer Schlußfolgerungen kamen die Menakers zu der Überzeugung, die auch Dr. Brown und ich hegen, daß der Reproduktionsprozeß von der extrinsischen astronomischen Uhr zeitgetaktet wird.

Angesichts der Wahrscheinlichkeit einer Zeittaktung des menschlichen Reproduktionszyklus mag man sich fragen, warum dann nicht alle Frauen gleichzeitig menstruieren. Aber selbst wenn wir von einer Mondkomponente in der menschlichen Menstruation ausgehen, müssen wir uns doch vergegenwärtigen, daß es auch eine Sonnenzeitkomponente gibt. Wären alle Frauen zur gleichen Zeit am selben Tag geboren worden, dann könnte man durchaus vernünftigerweise davon ausgehen, daß sie alle zur gleichen Zeit die Periode bekämen. Natürlich ist das nicht so.

Weiter läßt sich darüber spekulieren, wie die lunargetaktete Komponente eingreift, indem man einen gesamten Reproduktionszyklus nachvollzieht. Während sich ein Embryo im Mutterleib entwickelt, stehen die biologischen Rhythmen des Fötus im Gleichklang mit denen der Mutter. Im Augenblick der Geburt kommt das Neugeborene mit der natürlichen geophysikalischen Umwelt in Berührung, in der es den Rest seines Lebens verbringen wird. Vernünftigerweise ist anzunehmen, daß an diesem Punkt die Rhythmen des Neugeborenen nicht mehr von denen der Mutter abhängen. Sie werden Kräften in der natürlichen Umgebung ausgesetzt.

Die ureigenen biologischen Rhythmen jedes Menschen werden wahrscheinlich im Augenblick der Geburt bestimmt, wenn der Organismus mit der Umgebung in Berührung kommt und von den Kräften in dieser Umwelt beeinflußt zu werden beginnt. Diese Signale werden möglicherweise im Augenblick der Geburt eingeprägt. Solare und lunare Rhythmen lassen sich jederzeit im Leben des einzelnen feststellen. Ihr Zeittakt unterscheidet sich vom einen zum andern, weil wir alle zu verschiedener Zeit und an verschiedenen Orten zur Welt kommen.

Wegen des komplexen Wechselspiels zwischen Hormon-, Flüssigkeits- und elektrolytischem Ausgleich mögen Frauen zu gewissen Zeiten während des Menstruationszyklus für die auslösenden Wirkungen der biologischen Gezeiten anfälliger sein. Viele Frauen erleben vor der Menstruation Aufgedunsenheit, Spannung und Gereiztheit.

Vorübergehende Flüssigkeitsstaus und elektrolytische Unausgewogenheit stellen sich ein. Die zusätzliche psychologische Belastung einer biologischen »Flut« während der Prämenstruation haben drastische körperliche und/oder Verhaltenskonsequenzen. Es ist überreichlich nachgewiesen, daß Frauen in den Tagen vor der Periode anfälliger sind für Krankheiten und erratisches Verhalten, und dann auch kommt es bei ihnen vermehrt zu Gewaltverbrechen. Die männlichen Hormone werden vom Flüssigkeits- und elektrolytischen Ausgleich weniger berührt, und ein männliches Gegenstück zum prämenstrualen Spannungssyndrom scheint es nicht zu geben.

Trifft dieses Konzept – wonach die letztlich von kosmischen Zyklen ausgehenden Umweltfaktoren bei der Geburt wirksam werden und damit die Rhythmen des Individuums vorgeben – zu, dann müßten sich dafür auch Beweise finden lassen. Der Beweis läge in einer Korrelation der kosmischen Konstellation bei der Geburt eines Individuums mit seinem späteren biorhythmischen Verhalten. Eben diese Korrelation hat Dr. Eugen Jonas in der früheren Tschechoslowakei festgestellt. Er glaubt, daß die Position von Sonne und Mond bei der Geburt eines Mädchens die Biorhythmen ihres Reproduktionssystems einschließlich der Ovulation bestimmt. Bei präziser Kenntnis ihres rhythmischen Ovulationsmusters kann eine Frau an den Tagen, an denen sie empfängnisbereit ist, Geburtenkontrolle üben. Jonas behauptet, sein astrobiologisches Geburtenkontrollsystem sei zu 98 Prozent wirksam. Nach seinem System, das völlig anders gelagert ist als die gängige Rhythmusmethode, bei der man in der Mitte des Zyklus (der vermuteten Ovulationszeit) den Geschlechtsverkehr meidet,

findet die Ovulation jeden Monat zweimal statt – einmal bei der Sonne-Mond-Konstellation im Zeitpunkt der Geburt und erneut bei der diametral entgegengesetzten Konstellation. Damit differieren die Ovulationszeiten vom einen zum nächsten Monat. Tatsächlich nimmt die Ovulation, beruhend auf der regulären Progression von Sonne und Mond, eine vorhersagbare Progression durch den Menstruationszyklus.
Edmond M. Dewan, der am Data Sciences Laboratory auf dem Luftwaffenstützpunkt L. G. Hansom arbeitet, hat vorgeschlagen, den extrinsischen Zeittakt der biologischen Uhren als Methode zur Geburtenkontrolle einzusetzen. Er stellte fest, daß zur Regulierung der Menstrualzyklen von Frauen mit unregelmäßiger Menstruation künstliches Licht benutzt werden kann. Seine Forschungsergebnisse deuten darauf hin, daß sich der Menstruationszyklus durch die Verwendung von Licht steuern läßt, so daß die Rhythmenmethode als Weg zur Geburtenkontrolle praktisch »idiotensicher« gemacht werden kann – fast jedenfalls. Nach seiner Meinung wirkte in seinen Experimenten das Licht über Hypothalamus-, Schleim- und Zirbeldrüse auf die Ovulation ein.

Der wankelmüt'gen Planeten schwankender Gang
Regieret gottgleich der Wasser Scheide
Schwinget die Halme auf Flur und Heide
Und macht um 's Feinsliebchen das Herze mir bang.
So oft auch ich suche, sie zu verführ'n
Vermag – traun! – ich sie nirgendwo aufzuspür'n.

Unbekannt, 16. Jahrhundert

5
Kontinuität mit dem Kosmos

Alles Leben hallt den Kosmos wider. Wir sind ein Bestandteil des lebendigen Universums. Unablässig beeinflussen uns Ebbe und Fluten kosmischer Aktivität – Mondphasen, Sonnenflekken, Sonnenstrahlung, kosmische Strahlung, Bewegung der Planeten, um nur diese fünf Formen zu nennen. Die Schwankungen dieser Kräfte sind subtil, aber regelmäßig und alles durchdringend. Sie greifen in die Atmosphäre der Erde ein und verursachen Turbulenzen in der Biosphäre. Menschen, Tiere und Pflanzen nehmen diese Veränderungen wahr und wandeln sie in biologische Rhythmen um, die in ihrer elektromagnetischen Eigenaktivität aufspürbar sind.

Die Harmonie dieses himmlischen Reigens erklingt in vielerlei Modulierungen. Das in Yale beheimatete Forschungsteam von Harold Saxton Burr und F. S. C. Northrup hat bei der Untersuchung der »Lebensfelder« Pionierarbeit geleistet. Dr. Burr wirkte vierzig Jahre lang als Professor für Anatomie[1], und Dr. Northrup war Professor für Recht und Philosophie. Sie erfanden eine Methode zur Messung des elektrischen Potentials eines Organismus. Ein feinabgestimmtes Voltmeter wurde eigens so entwickelt, daß sich die elektrischen Felder von Organismen messen ließen, ohne daß dabei ihr Strom ange-

[1] 1972 veröffentlichte er kurz vor seinem Tod *Blueprint for Immortality*.

zapft wurde. In langjähriger Arbeit wurde das elektrische Potential in Pflanzen, Tieren und Menschen aufgezeichnet.

Burr und Northrup nannten diese Felder elektrodynamische oder Lebensfelder (»L-Felder«). Stündlich wurden deren Schwingungen notiert und mit den Schwingungen der Erd- und Luftfelder verglichen. Zwischen den Lebensfeldern und den Feldern von Erde und Luft ergab sich eine deutliche Parallelität, die darauf hindeutete, daß die Variationen der Lebensfelder eine Reaktion auf Veränderungen der geophysikalischen Umgebung waren. Die Umgebungsveränderung ihrerseits verhielt sich parallel zu den regelmäßigen Veränderungen der Sonnen- und Mondzyklen. So ergab beispielsweise eine Analyse der Feldveränderungen in Bäumen in der Nähe des Forschungslabors in New Haven, Connecticut, daß sie die Sonnen- und Mondzyklen widerspiegelten.

Die beiden Professoren zeigten auf, daß das Lebensfeld eines Systems ein empfindsamer Indikator der biologischen Aktivität ist. Da sich in einigen Anwendungen anhand des Lebensfeldes die biologische Aktivität voraussagen ließ, schlossen Burr und Northrup, daß das Lebensfeld eines Systems die Struktur und Funktionsweise des Organismus steuert. Zu den Beweisen dafür zählen unter anderem folgende Feststellungen: Die Feldbestimmungen in Samen wiesen das Wachstumsmuster sowie die Größe und Lebenskraft der späteren Pflanze aus; die Messung von unbefruchtetem Froschlaich offenbarte die Kopf-Schwanz-Achse des künftigen Nervensystems; für die Ovulation, die Wundenheilung, periphere Nervenverletzungen und sogar das Wachstum von Krebszellen gab es Korrelate in den elektrischen Feldern.

Unter Verwendung der Prinzipien von Burr und Northrup gelang es dem Gynäkologen Dr. Louis Langman, elektrische Veränderungen bei Frauen aufzuspüren, die später an gynäkologischem Krebs erkrankten. Andere Gynäkologen wiesen nach, daß der Ovulation elektrische Veränderungen in den Eierstöcken *vorausgingen* und bei vielen Frauen die Ovulation in Wirklichkeit nicht nur in der Mitte des Menstruationszyklus, sondern während des gesamten Menstruationszyklus stattfand (auch der Tscheche Dr. Eugen Jonas entdeckte mit seiner »astrobiologischen« Methode eine ähnlich kapriziöse Zeitgestaltung der Ovulation).

Der Psychiater Dr. Leonard J. Ravitz wandte die Burr-Northrup-Methode auf elektrische Zustandsveränderungen geistig Kranker in den psychiatrischen Instituten der Universitäten von Yale, Duke und Pennsylvania an. Er gelangte zu der Feststellung, daß mit geistiger Erkrankung eine Zustandsveränderung des Lebensfeldes des Patienten einhergeht.

Oft kündete die Rückkehr zum Normalzustand die Gesundung an. Dr. Ravitz untersuchte Hypnosezustände und erkannte, daß sie eine Veränderung der elektromagnetischen Felder der Versuchspersonen bewirkten – womit die Verbindung zwischen Bewußtseinszuständen und elektromagnetischen Feldern etabliert war.

Ganz allgemein fand Dr. Ravitz heraus, daß Verhaltensstörungen sehr häufig mit der *Feldstärke* der Versuchsperson zusammenhingen. Er entdeckte, »daß in bestimmten Fällen höchst dramatische Voltsteigerungen den seltenen Gelegenheiten vorausgingen, in denen torpides schizophrenes Verhalten in lebhaftes Spontanverhalten umschlug«. Körperliche Probleme andererseits hingen meist mit der *Polarität* (positiv oder negativ) des Lebensfeldes zusammen.

Dr. Ravitz machte eine weitere wichtige Entdeckung: die elektrischen Felder des Menschen variieren in einem Zyklus, der bei Neu- und Vollmond entweder einen Spitzenwert erreicht oder auf einen Tiefstwert abfällt. Der Mondzyklus bestimmt zwar zeitlich die extreme Auf- oder Abwärtsbewegung, aber die Richtung, die sie nimmt, läßt sich mit seiner

Hilfe nicht voraussagen. Veränderungen im Potential des elektrischen Feldes sind wichtige Anzeigewerte für die Stimmungslage. Hohe Werte deuten auf Feindseligkeit oder Apathie hin, niedrige Werte auf Gutmütigkeit.

Die Entdeckung starker Stimmungsausschläge bei Neu- und Vollmond stützt meine eigenen Feststellungen, daß die Aggressivität in diesen Mondphasen einen Höhepunkt erreicht. Eine sprunghafte Veranlagung in Verbindung mit dem persönlichen elektrischen Feld bedeutet, daß der Betroffene sehr dazu neigt, in solchen Zeiten den Kopf zu verlieren. Die Tendenz der Feldmessungen, bei Neu- oder Vollmond dramatisch anzusteigen *oder* zu sinken, spricht für Frank Browns These von der positiven oder negativen Aufnahmebereitschaft eines Organismus.

Stellt man diese Verbindung her, ergeben sich viele Fragen. Wie sieht zum Beispiel das Verhältnis zwischen lunar getakteten Veränderungen in den Körperfeldern und der biologischen »Flut« in den Flüssigkeitsräumen des Körpers aus? Wird der Flüssigkeitsausgleich vom Nervensystem beeinflußt oder verhält es sich umgekehrt? Zwar wissen wir, daß das Verhältnis in beiden Richtungen wirken kann, desgleichen, daß die Veränderungen auf Persönlichkeit und Verhalten zurückwirken. Doch *warum* jagt ein Feld dramatisch nach oben oder unten? Warum ist man bei Vollmond mal positiv, mal negativ aufnahmebereit?

Die Experimente von Dr. Brown bringen Licht in das Geheimnis der Aufnahmebereitschaft des Lebens für die elektromagnetische Umgebung. Zwischen den Feldern des Individuums und denen seiner Umgebung besteht ein Kontinuum. Elektromagnetische Felder kennen keine festen Grenzen; sie verschieben sich unablässig. Für den Nachweis des Gegenseitigkeitsverhältnisses zweier benachbarter Organismen unter sich ändernden elektromagnetischen Einflüssen benutzte Dr.

Brown getrocknete Bohnenkerne. Warum Bohnenkerne? Einfach deswegen, weil sie einfach sind. Taucht man sie in ein Wassergefäß, dann besteht ihre einzige Stoffwechselfunktion in der Aufnahme von Wasser. Diese Wasseraufnahme weist ein periodisches Muster auf, das bei Neu- und Vollmond seine Spitzenwerte erreicht.

Der Grad der Wasseraufnahme durch einen Bohnenkern läßt sich verändern, indem man den Verlauf und die Richtung des elektromagnetischen Feldes verändert, in dem der Kern kreist. Das läßt sich bewerkstelligen, indem man unter dem Tisch, auf dem das Gefäß steht, einen Stabmagneten kreisen läßt. Dasselbe läßt sich erreichen, wenn man das Gefäß mit dem Bohnenkern auf einen Drehtisch stellt und den Kern kreisförmig um die Kompaßpunkte führt. Damit gerät die Bohne in wechselnde Beziehungen zu den Magnetfeldern der Erde.

Legt man zwei Bohnen in dasselbe Wassergefäß, dann geschieht Erstaunliches. Der eine Kern nimmt Wasser auf, der andere nicht! Verschiebt man nun die beiden Kerne so, daß sie ins umgekehrte Magnetfeldmuster geraten, dann veranlaßt man die »trockene« Bohne zur Wasseraufnahme, während die »feuchte« Bohne sie einstellt. Dieses Experiment deutet darauf hin, daß Umgebungsveränderungen, die unseren Sinnen nicht unmittelbar ersichtlich sind, das reziproke Verhältnis zweier Mitglieder derselben Art beeinflussen können. Implizit kommt hinzu, daß zwischen den beiden Bohnen subtile elektrische Botschaften ausgetauscht werden. Es kommt zu einer unterschwelligen Kommunikation: der eine Paarpartner erklärt sich einverstanden, die aktive Stoffwechselrolle zu übernehmen, der andere übernimmt die passive.

Diese höchst elegante Versuchsreihe erhellt das grundlegende Wesen des Gegenseitigkeitsverhältnisses zweier Mitglieder derselben Art. Bislang bezeichnete man die geheimnisvolle Anziehung (oder Abstoßung) zwischen zwei relativ Fremden

als »Chemie«. Nunmehr scheint eher »Physik« angemessen, wobei »persönlicher Magnetismus« der Wahrheit dieses interpersonalen Phänomens noch näher kommen dürfte.
Parapsychologen, die außersinnliche Kommunikationsphänomene erforschen, wären gut beraten, sich diese Feststellungen von Dr. Frank Brown zu Herzen zu nehmen. Vielleicht ist das Verhalten der Bohnenkerne der Prototyp einer außersinnlichen Wahrnehmung. Alles deutet darauf hin, daß die elektrischen Systeme lebender Objekte die sie umgebenden elektromagnetischen Felder unmittelbar wahrnehmen. Nach Dr. Browns Worten ist das unvermeidlich, weil die beiden kontinuierlich seien: »Zwischen den metabolisch unterhaltenen elektromagnetischen Feldern eines Organismus und denen seiner geophysikalischen Umgebung gibt es keine klare Abgrenzung.« Andere Forscher, darunter Dr. Robert Becker vom Veterans Administration Hospital in Syracuse, New York, haben ebenfalls Hinweise entdeckt, daß das elektronische Neuralsystem als Empfänger elektromagnetischer Informationen funktioniert.
Von unmittelbarer Bedeutung für meine Arbeit ist, daß Organismen wahrscheinlich von der Bewegung des Mondes in bezug auf Erde und Sonne ausgelöste Veränderungen des elektromagnetischen Feldes der Erde wahrnehmen können. Das ist an sich schon eine Art außersinnliche Wahrnehmung.
Dr. Brown meinte warnend, biologische Experimente verstärkten das Heisenbergsche »Unschärfe«-Prinzip. Die technisch immer raffinierteren Experimentalmessungen griffen in den gemessenen Prozeß selbst ein. Möglicherweise veränderten wir damit das Leben, das wir untersuchten. »Biologische Prozesse reflektieren in ihren gemessenen Werten die Methoden und Bedingungen, unter denen die Messungen vorgenommen werden, und diese Unterschiede können beträchtlich sein«, sagte Dr. Brown.

Der Gedanke der Kontinuität des Individuums mit dem übrigen Universum ist nicht neu. Seit jeher in der Geschichte haben Heilige und Mystiker allerlei Metaphern dafür gebraucht, daß sich das Individuum »eins mit dem Universum«, als »Teil des Ozeans« fühle. Das Wissen, daß unsere intern generierten elektromagnetischen Felder tatsächlich mit denen der Umwelt ein Kontinuum unterhalten, liefert für diese »ewige Wahrheit« eine physikalische Grundlage, und sei sie noch so subtil.

Wir sollten uns daran erinnern, daß im Bereich des Bewußtseins ein winziger Anstoß unermeßliche Folgen zeitigen kann. In Experimenten mit elektrischer Hirnstimulierung ist nachgewiesen worden, daß geringfügige Veränderungen des elektrischen Potentials des Gehirns ausreichen, um das Verhalten eines Tieres oder Menschen radikal umzudrehen. Im Falle des uns wie ein nahtloses Gespinst umgebenden elektromagnetischen Feldes wird zwar das Medium selbst übersehen, aber die Botschaft läßt sich in unserer Stimmungslage ablesen, die sogar in Gewaltausbrüche umschlagen kann. Die Kontinuität mit der Umgebung ist nicht immer nur glückbringend.

Streß ist eine Verbindung zu unserer Umgebung, der wir gerne aus dem Weg gingen, mit der wir uns aber unweigerlich befassen müssen. Man weiß, daß uns sowohl psychischer als auch physischer Streß für subtile Einflüsse und Kräfte anfälliger machen kann. Oben betonte ich, daß gerade die zu gewaltsamem Aggressivverhalten Neigenden am ehesten vom Mond beeinflußt werden können (denn sie besitzen in der Regel eine geringere Streßtoleranz). In sozialen, psychischen und physischen Streßsituationen geraten solche Leute an den Rand der Beherrschung. Man darf getrost davon ausgehen, daß im lunaren Einfluß auf das menschliche Verhalten Streß ein signifikanter prädisponierender Faktor ist.

Näher erforscht hat das der Biologe Harry Rounds von der

Wichita State University. Sein Interesse für mondbewirktes Verhalten erwachte, als er bei der Erforschung der Blutfaktoren von Kakerlaken feststellte, daß Veränderungen in ihrem Blut in ausgeprägter Beziehung mit den Mondphasen standen! Er unternahm Tests an Blut von Küchenschaben, Mäusen und Menschen, um im Blut Chemikalien zu finden, die eine Pulsbeschleunigung verursachten.

Da er wußte, daß Streß ein bekannter Pulsbeschleuniger ist, unterteilte der Biologe seine Versuchssubjekte in zwei Kategorien – gestreßte und nichtgestreßte. Die Beschleunigungsfaktoren im Blut gestreßter Tiere stiegen kurz *nach* Neu- und Vollmond steil an! Beim Gegenbeweis wurden auch im Blut der nichtgestreßten Tiere pulsbeschleunigende Faktoren gefunden, *ausgenommen* in den Zeiten, als dieselben Faktoren im Blut der gestreßten Tiere Spitzenwerte aufwiesen, nämlich gleich nach Neu- und Vollmond. Die Punkte auf dem Mondkalender, an denen die Blutaktivität der gestreßten Tiere anstieg, fielen immer mit dem Zeitpunkt zusammen, an dem die Blutaktivität der nichtgestreßten Tiere auf Null fiel.

Warum flatterte den gestreßten Küchenschaben das Herz gleich nach Neu- und Vollmond? Warum schlagen auch die Herzen von gestreßten Mäusen und Menschen dann meist schneller? Die spekulative Antwort von Rounds lautet, verantwortlich dafür sei vermutlich eine vom Mond verursachte Veränderung des elektromagnetischen Erdfeldes. Die Anziehungskraft des Mondes könne bei einem bereits belasteten Individuum einen schnelleren Pulsschlag auslösen. Nicht weniger relevant ist die völlig gegenteilige Reaktion der nichtgestreßten Tiere. Ist Streß ein Schlüsselfaktor für die Frage, ob wir in einen Zustand positiver oder negativer Aufnahmebereitschaft für Mondeinflüsse geraten?

Jedenfalls liegen jetzt Beweise vor, daß in animalischen Herzen

einschließlich des Menschen, die ohnehin schon durch die Umstände angespannt sind, der Mondzyklus Erregung auslösen kann.
Veränderungen des Wasserflusses zwischen den Flüssigkeitsräumen des Körpers und die Zunahme des Pulsschlags veranlassen eine Person eher dazu, in emotionalen Situationen die Ruhe zu verlieren.
Die Daten von Harry Round wiesen Spitzenwerte auf, die knapp hinter Neu- und Vollmond herhinkten. Diese zwei- bis dreitägige Verzögerung verträgt sich gut mit den Verzögerungserscheinungen unserer Cuyahoga-Studie über Tötungsdelikte und mit der Hamsteruntersuchung von Dr. Brown. Wichita, der Arbeitsort von Dr. Rounds, liegt auf einem viel höheren Breitengrad als Dade County, wenngleich nicht ganz so weit nördlich wie Cleveland oder Evanston. Die geographische Variable erwies sich erneut als Schlüsselelement für lunar getaktete Ereignisse.
Zwei weitere Studien erbrachten zusätzliches Beweismaterial für die Mondwirkung auf den Blutstrom und stützten indirekt die biologische Gezeiten-Hypothese. Dr. Edson Andrews aus Tallahassee erfuhr, bei Mandel- und Drüsenoperationen träten um Neu- und Vollmond übermäßige Blutungen besonders häufig auf. Er hatte sich vom Krankenhauspersonal sagen lassen, daß die Blutungen bei Vollmond stärker seien, und beschloß, diese allgemeine Meinung nachzuprüfen. Für die Untersuchung der lunaren Periodizität benutzte er über tausend Fälle. Er kam zu dem Schluß, daß die Patienten *sowohl* bei Voll- *als auch* bei Neumond zu übermäßiger Blutung neigten. Als er seine Untersuchung ausdehnte, stellte er fest, daß bei Vollmond auch die meisten Geschwürblutungen auftraten. Er hatte nichts anderes entdeckt als eine »rote Bio-Gezeit«. Bestätigt wurden seine Erkenntnisse durch Dr. W. P. Rhyne aus Albany, Georgia, und den Pharmakologen der University

of Illinois, Ralph W. Morris, die in entsprechenden Versuchsreihen zum selben Ergebnis kamen.

Dr. Andrews war von den Ergebnissen seiner Untersuchung so überzeugt, daß er drohte, »demnächst werde ich zum Hexendoktor und arbeite nur noch in dunklen Nächten; die mondbeschienenen Nächte widme ich dafür der Schwärmerei«.

Eine alte Bauernregel besagt, bei Vollmond sei das Kastrieren gefährlich, weil starke Blutungen aufträten. In der altjüdischen Tradition war je nach Mondphase das Zur-Ader-Lassen für medizinische Zwecke beschränkt. Der Talmud sagt, bestimmte Tage auf dem hebräischen Mondkalender, die in etwa mit Neu- und Vollmond übereinstimmen, seien für das Zur-Ader-Lassen gefährlich.

Sorgfältige Beobachter, die nach dem Mondkalender gingen, haben also im Alltagsleben gewisse periodische Wirkungen von großer Bedeutung bemerkt. Da wir inzwischen ausschließlich nach der Sonnenzeit leben, haben wir uns möglicherweise lebensrettende Informationen entgehen lassen.

Angesichts der Beweise für erhöhte Blutungsgefahr bei chirurgisch behandelten Patienten zur Neu- und Vollmondzeit müssen wir uns fragen: Welcher Mechanismus steckt dahinter? Ich kann diese schwierige Frage nur spekulativ und im Einklang mit meiner biologischen Gezeiten-Theorie beantworten. Die Blutgefäße und -zellen sind mit halbdurchlässigen Membranen ausgestattet. Das Körperwasser fließt frei zwischen den Flüssigkeitsräumen hin und her. Herrscht biologische Flut, so verlangt die Gewebeblähung und -spannung nach einem neuen Gleichgewicht zwischen den Flüssigkeitsräumen des Körpers. Wahrscheinlich wird unter erhöhtem Druck Wasser in das Kreislaufsystem adsorbiert und führt zu erhöhtem Blutvolumen und -druck. Wegen dieser plötzlichen Zunahme könnten Menschen mit blutenden Geschwüren

oder schwachen, anfälligen Blutgefäßen dann zu spontaner Blutung neigen.
Desgleichen können Patienten, an denen ein chirurgischer Eingriff vorgenommen wird oder worden ist, zu dieser Zeit stärker bluten. Mithin wird ersichtlich, daß die biologische Gezeiten-Hypothese von vielfältiger Seite gestützt wird – von Volkstraditionen bis hin zu hochmodernen biologischen Experimentiermethoden. Wir haben zwei mögliche Einwirkungsweisen des Mondes auf Grundrhythmen spekulativ in Betracht gezogen: über eine direkte Anziehungskraft auf die Flüssigkeit in unserem Körper und über Störungen im elektromagnetischen Feld, die unser Nervensystem auf irgendeine Weise aufnimmt.
Nachweislich verändert sich bei Neu- und Vollmond unsere Stimmungslage. Sind wir angespannt, so beschleunigt sich unser Puls. Schneiden wir uns, dann bluten wir mehr. Diese beiden Wirkungen sind bei ganz gewöhnlichen Menschen zu beobachten und weltweit statistisch belegt.
In unserer Dade-Untersuchung befaßten wir uns mit Menschen, die eindeutig nicht auf gewöhnliche Weise handelten. Sie waren gewalttätig und aggressiv. Auch in ihrem Verhalten zeigte sich dieselbe lunare Periodizität. Ich behaupte, sie seien unfähig gewesen, den zusätzlichen periodischen Streß zu bewältigen, den ihnen eine biologische Flut aufzwang.
Wir stehen am Anfang einer neuen und holistischen Sicht des Universums, eines Systems, in dem die Zyklen des Universums in jedem Teil und jedem Organismus widerhallen. Doch wie neu ist diese Sichtweise? War es nicht das, was die alten Astrologen und frühen Astronomen unter den »Sphärenklängen« verstanden? Die Wissenschaft entdeckt neu, was die Altvorderen wußten: Die Harmonie der Himmel schließt eine Menge sphärischer Dissonanzen keineswegs aus.

6
Der Mond und die geophysikalische Umgebung

> Die Verzerrung des Mondes kann man als Ergebnis der auf ihn wirkenden Erdanziehung betrachten, denn er ist zur Erde hin birnenförmig. Also, wenn die Erde so etwas mit dem physikalischen Mond anstellt, kann man sich ausmalen, was er seinerseits mit der Erde anstellt. Wahrscheinlich wirkt das auch auf die Menschen.
>
> James Irwin, Astronaut und Spaziergänger auf dem Mond

Man ist sich meist nicht darüber im klaren, daß die Schwerkraft der Erde Mondbeben verursacht oder daß der Mond auf Erdbeben einwirkt. Mit den Meeresgezeiten geht eine Belastung der Erdkruste einher. Steht der Mond über einem bestimmten Gebiet der Erde im Zenit, so zieht er Wasser und Land in diesem Bereich in einem »Tidenhub« nach oben. Gleichzeitig bildet sich ein entsprechender Sog auf der gegenüberliegenden Seite der Erde. Das geschieht, weil die dem Mond näherliegenden Gebiete einer stärkeren Gravitationsanziehung unterliegen. Die Oberflächen der Ozeane, die mondwärts schauen, werden näher an den Mond herangezogen als ihr Meeresgrund, und auf der unmittelbar gegenüberliegenden Seite wird der Meeresgrund näher an den Mond herangezogen als die dortige Oberfläche. Damit entstehen in beiden Gebieten Oberflächenbuchtungen; wo sich die Oberfläche buckelt, kommt es zur Flut. Auf halbem Wege zwischen den Buckeln um das Globusrund liegen die Ebbegebiete. Da unser Planet unter den Gezeitenbuckeln kreist, gibt es täglich zweimal Flut und zweimal Ebbe.

Der Mond verzerrt die Erde gewissermaßen wie einen Gummiball. Das Meer absorbiert die Wirkkräfte, indem es hin- und herschwappt, aber das Land ist starrer; es kann sich nicht so leicht und schnell verziehen wie Wasser. Die Belastung der Erdkruste wirkt bei der Auslösung von Erdbeben mit (wenn der Mond unmittelbar im Zenit des nordamerikanischen Kontinents steht, kann sich dieser ihm um bis zu 15 Zentimeter »entgegenrecken«).

In ihrem faszinierenden Buch *The Jupiter Effect* wissen John R. Gribbin und Stephen H. Plagemann über die Bedeutung der Gezeiten als mitauslösendes Moment für Erdbeben zu berichten: »Eine sorgfältige statistische Analyse umfangreicher Erdbebendaten zeigt, daß die Wirkung zwar vorhanden, aber für sich allein nicht übermäßig bedeutsam ist. Von größter Bedeutung aber ist, daß – wie diese Arbeit klar bestätigt – Erdbeben durch außerhalb der Erde eintretende Ereignisse ausgelöst werden können.« Plagemann und Gribbin befürchten, eine große Linienkonstellation der Planeten könnte in Kalifornien ein weiteres Großerdbeben auslösen. (Natürlich könnte eine Koinzidenz kosmischer Zyklen auch eine nachhaltige Störung des menschlichen Verhaltens bewirken.) Ihre gut dokumentierte Arbeit unterstützt die kosmische Perspektive. Unsere geophysikalische Umgebung – sogar der Boden unter unseren Füßen – wird ständig von Ereignissen am Himmel beeinflußt!

Ein Aspekt der Erdumgebung, der uns täglich beschäftigt, ist

Die Gezeiten

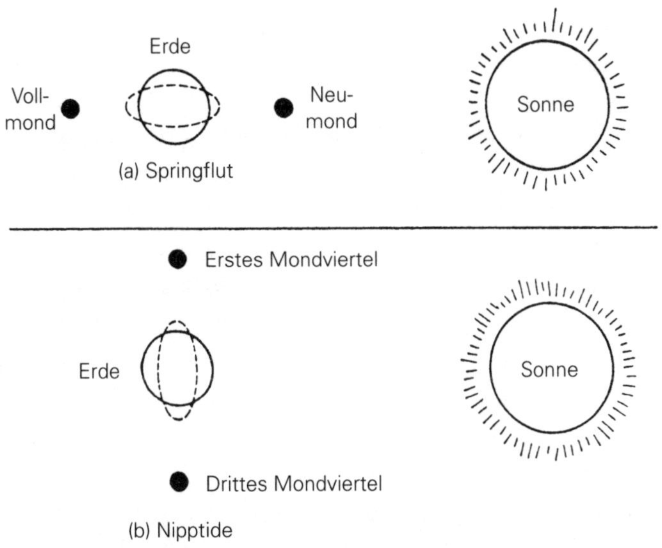

(a) Eine Springflut tritt ein, wenn die Gezeitenkräfte von Mond und Sonne zusammenfallen; (b) eine Nipptide tritt ein, wenn die von der Sonne verursachte Flut die vom Mond verursachte Ebbe überlagert.

das Wetter. Seit langem wurde ein Zusammenhang von Wetter und Mond vermutet, aber schlüssig nachgewiesen wurde er erst in den letzten Jahrzehnten. 1962 veröffentlichten drei Meteorologen – D. A. Bradley, M. A. Woodbury und G. W. Brier – in der Zeitschrift *Science* einen Artikel, in dem sie eindeutig eine Mond-Periodizität bei schweren Niederschlägen nachwiesen. Für eine bessere Übersichtlichkeit ihrer auf den Wetteraufzeichnungen von 1900 bis 1949 beruhenden Daten unterteilten sie den Mondmonat nach der synodischen Dezimalskala. Sie stellten »etwa in der Mitte der ersten und dritten Woche des synodischen Monats eine ausgeprägte Tendenz zu extremen Niederschlägen in Nordamerika« fest, »vor allem am dritten bis fünften Tag nach der Neu- und Vollmondkonstellation«. Wieder zeigt sich eine Mond-Periodizität und ein leichtes Nachhinken von Niederschlagsspitzen hinter Neu- und Vollmond.

In derselben Ausgabe von *Science* berichteten die Forscher E. E. Adderley und E. G. Bowen aus Sidney in Australien von ähnlichen Erkenntnissen, die sie aus den Aufzeichnungen von fünfzig Wetterstationen in Neuseeland über einen Zeitraum von fünfundzwanzig Jahren gewonnen hatten. Nach Meinung dieser Autoren läßt sich die Mond-Periodizität noch nicht zur Wettervorhersage benutzen. Es lasse sich nicht erklären, was die Wirkung verursache, meinen sie, und stellen spekulativ fest, die Anziehungskraft des Mondes könnte die Menge des Meteoritenstaubs verändern, der in unsere Atmosphäre eintritt, und dadurch die Sturmbildung beeinflussen.

Es überrascht wenig, daß Adderley und Bowen auf das wissenschaftliche Vorurteil gegen mondbezogene Wirkungen stießen. Eine Zeitlang hielten sie sogar eine Veröffentlichung zurück. »Die Andeutung, der Mond wirke auf Regenfälle ein, hätte einfach nicht die richtige Aufnahme gefunden«, schrieben sie. In einigen Kreisen sicher nicht.

Doch dann stellten sich weitere Beweise ein. 1972 veröffentlichten T. H. Carpenter, R. L. Holle und J. J. Fernandez-Partagas in der *Monthly Weather Review* eine Studie, die zwischen den Mondphasen und der Entstehung tropischer Stürme und Orkane eine *signifikante* Beziehung nachwies. Die Studie unterschied sich von früheren Arbeiten insoweit, als in diesen die größten Niederschläge gemessen worden waren. Die neue Studie befaßte sich mit den heftigsten Stürmen. Unter Rückgriff auf die Aufzeichnungen über die Stürme im Nordatlantik und pazifischen Nordwesten stellten die Forscher fest, daß sich in einem Zeitraum von achtundsiebzig Jahren um Neu- und Vollmond etwa 20 Prozent mehr Orkane und Taifune gebildet hatten als in der Nähe der Mondviertel, wobei die Spitzenwerte bei Neumond höher lagen als bei Vollmond.

Daß das Wetter die Stimmung beeinflußt, weiß jedes Kind. An Regentagen sind wir meist trübsinniger, und wenn an sonnigen »Hochdruck«-Tagen der blaue Himmel lacht, heiterer. Besteht ein Zusammenhang zwischen dem Mondeinfluß auf das Wetter und der Mond-Periodizität im menschlichen Verhalten? Wir tappen so sehr im Dunkeln hinsichtlich der Ursachen und Prozesse, die hinter den beobachteten Wirkungen vor sich gehen, daß es einen in den Fingern juckt, diese faszinierenden Beobachtungen miteinander zu verbinden.

Sheldon Geller und Herbert Shannon, zwei Forscher aus Toronto, glauben zwischen dem Einfluß des Mondes auf das Wetter und bizarrem menschlichem Verhalten eine Verbindung entdeckt zu haben. Sie nannten sie den »transsylvanischen Effekt«. Ihre These lautet, im Sommer gehe mit dem Vollmond »unangenehm heißes und schwüles Wetter einher, das das normale Schlafmuster und den Schlaf mit schneller Augenbewegung beeinträchtigt. Die daraus folgende Entbehrung der schnellen Augenbewegung ist mit psychotischen Zuständen verknüpft worden.« Starke Niederschläge und Sturmbildung, die sich um Voll- und Neumond konzentrieren, untermauern die Hypothese einer Verbindung zwischen Mond, Wetter und Stimmung. Hier haben wir vielleicht eine weitere indirekte Wirkung des Mondes auf die normalen biologischen Rhythmen vor uns – diesmal auf den Rhythmus der Bewegungsschnelligkeit der Augen im Schlaf.

John Cejka von Cyclomatic Engineering ist der Meinung, wir wüßten schon jetzt genug von der Rolle des Mondes bei der Wettergestaltung, um langfristige Vorhersagen wagen zu können. Zwischen den Gezeitenbewegungen des Meeres und der Bewegung der Luftmassen (dem Wetter) bestehe eine Korrelation. Diese Korrelation, so Mr. Cejka, besitze aufgrund der Genauigkeitsdifferenz von Wasser und Luft eine eingebaute Fünfzehn-Monats-Verzögerung. Diese lange Verzögerung schränkt die Genauigkeit seiner Voraussagen ein.

Überhaupt ist der Einfluß des Mondes von Verzögerungen und Ungewißheiten umgeben. Die Komplexität der Zeitverzögerungen und harmonischen Beziehungen beim Wetter, die seltsamen Verzögerungserscheinungen, die in Mordstatistiken zutage treten, die Umkehrschwünge des elektrischen Potentials bei Versuchstieren und -personen, die positive und negative Aufnahmebereitschaft – all das deutet darauf hin, wie wichtig Zwischenprozesse, auslösende Momente und unbekannte Bindegliedprinzipien für ein Verständnis des Mondeinflusses sind.

Daß es bei lunar getakteten Ereignissen je nach Breitengrad Verzögerungen gibt, haben wir schon erwähnt. Je weiter nördlich vom Äquator das beobachtete Ereignis eintritt, desto größer ist die Verzögerung. Warum der Mondeinfluß auf das Verhalten zeitlich je nach Breitengrad des Ortes variiert, darüber läßt sich nur spekulieren – aber es ist ein faszinierendes Spekulationsobjekt. Aufgrund der Erdkrümmung liegt ein Ort im Norden je nach Breitengrad weiter vom Mond entfernt als einer, der näher am Äquator liegt. Daraus ließe sich ableiten, daß die Schwerkraft des Mondes wegen der etwas größeren Entfernung etwas geringer wirkt, aber wie ließe sich das für eine Erklärung der zeitlichen Verzögerung der Wirkung heranziehen? Geht man hingegen davon aus, daß die Gezeitenanziehung des Mondes *kumulativ* wirkt, dann macht die Verzögerung langsam Sinn. In nördlichen Breiten wären dann mehr Springfluttage vonnöten, damit kumulativ ein Zustand hoher nervöser Reizbarkeit entsteht. Die Wirkung der Gezeitenkräfte auf die biologischen Rhythmen würde sich dann erst auf eine kritische Höhe

akkumulieren, wenn die Gezeitenkräfte schon wieder nachlassen.
Einen kumulativen Verzögerungseffekt kennen wir schon: die Jahreszeiten. In der nördlichen Hemisphäre steht die Sonne am offiziellen ersten Tag des Sommers, meist dem 21. Juni, am höchsten. In den Monaten unmittelbar nach der Sommersonnwende wird das Wetter heißer, obwohl die Sonne schon wieder den Weg zum Äquator angetreten hat und tiefer steht. Das ist wegen der Kumulationswirkung in der Erwärmung und Abkühlung der Atmosphäre so. Es braucht Monate einer höherstehenden Sonne, bis die Luft warm genug ist, um Sommerwetter zu erzeugen. Ebenso dauert es Monate einer sinkenden Sonne, bis sich die kumulierte Warmluft abkühlt. Ob die *Mondwirkungen* ebenso kumulativ sind, müssen wir erst noch herausfinden.
Zeitverschiebungen periodischer Ereignisse je nach Breitengrad sind ein oft beobachtetes Phänomen. Ein Forscher, Leonard W. Wing, hat zahlreiche Studien der Zeitgestaltung natürlicher Zyklen angestellt, beispielsweise bei der Vogelwanderung und dem Hin und Her von Nagetieren. Der Zeitpunkt vieler natürlicher Zyklen neigt um so mehr zur Verspätung, je näher sie am Äquator liegen. Diese Verzögerungen verhalten sich – zum Nachteil unserer Beweisführung – umgekehrt proportional zu den beobachteten, mondbewirkten Verzögerungen. Die Tendenz einer ortsbezogenen Zeitvariation nennt Wing die »Latitudinal-Passage«.
Ein Beispiel für eine »Latitudinal-Passage«, bei der sich der Zeitpunkt in Polrichtung verzögert, liefern die Schwankungen der kosmischen Strahlen. »Da kosmische Strahlen außerirdischen Ursprungs sind«, schreibt Wing, »dürften sie ein ionosphärisches Verhalten widerspiegeln.« Die Mondanziehung ist natürlich außerirdischen Ursprungs. So könnte der Schluß lauten, daß die im lunar getakteten Verhalten entdeck-

ten Verzögerungen ein weiteres Beispiel einer »Latitudinal-Passage« sind, die eine polgerichtete Verzögerung beinhaltet. Wir wissen, daß die Ionosphäre kosmische Kräfte wie Strahlung und magnetische Störungen verändert und daß uns das Magnetfeld der Erde vor der kosmischen Strahlung schützt. Wird auch der Mondeinfluß von diesen planetaren Schutzsystemen verändert?

Man kann die Bedeutung der Verzögerung je nach Breitengrad gar nicht genug betonen. Dieser mysteriöse Effekt könnte uns, wenn wir ihn nur verstünden, einen Anhaltspunkt für die Wirkweise der Mondkraft liefern. Ignorieren wir ihn, geraten wir jedesmal in eine Sackgasse. Als Pokorny und Jachimczyk unsere Forschungsergebnisse replizieren wollten, testeten sie die Tötungsdelikt-Kurven von Dade County, Cuyahoga County und Harris County (Texas) auf eine mögliche Korrelation hin. Sie fanden kein signifikantes statistisches Ergebnis. Das hätten wir ihnen anhand unserer Forschung schon vorher sagen können, die aufzeigte, daß die Ergebnisse je nach geographischer Lage differieren würden. Da sie die geographische Lage außer acht ließen, blieb ihre Untersuchung nichtssagend. Neben der Zeit ist auch der Raum eine kritische Variable jeder geophysikalischen Forschung.

Die Bedeutung der geophysikalischen Umgebung für unser Leben wird oft übersehen. Marshall MacLuhan hat darauf hingewiesen, die Umgebung werde einfach für bare Münze genommen. Die Menschen seien sich ihrer Wirkungen deswegen nicht bewußt, weil die Wirkungen allgegenwärtig sind. Für die meisten von uns wäre es eine schwere Bürde, wenn wir uns unablässig der uns umgebenden Magnetfelder oder des Standes der Sonne oder der jeweiligen Phase des Mondes bewußt sein müßten.

Einige Wissenschaftler haben die sich ändernde, schwankende Umgebung des Planeten zur Lebensarbeit erkoren. Die Disziplinen, in denen sie tätig sind, tragen Namen wie Heliobiologie, Meteorpsychiatrie und Biometeorologie. Aber selbst diejenigen, die Umgebungseffekte erforschen, sind sich nicht unablässig der Umgebung bewußt.

Und doch hängt das Leben von subtilen und allgegenwärtigen Wirkungen ab. Ein schlagendes Beispiel für die Bedeutung der nichtwahrgenommenen Umgebung ist die Raumorientierung bestimmter Tiere – Vögel, Fische und Schnecken etwa. Migrationsuntersuchungen lassen erkennen, daß diese Tiere subtile Signale aufgreifen, die in der elektromagnetischen Umgebung der Erde stecken. Sie klinken sich in elektrische Muster ein und sind in der Lage, selbst über weite Entfernungen ihren Weg zu finden. Man hat diese angeborene Fähigkeit den »biologischen Kompaß« genannt.

In seinen Laboruntersuchungen hat Dr. Brown Experimente durchgeführt, bei denen der Richtungssinn (oder Biokompaß) von Würmern dadurch verändert wurde, daß man einfach die Experimentalanordnung um 180 Grad drehte und damit die Orientierung der Würmer auf das Magnetfeld der Erde verschob. In dem Experiment wurde schlüssig nachgewiesen, daß ein Tier tatsächlich das Magnetfeld der Erde spüren und für seine Richtungsfindung nutzen kann.

Weitere Arbeiten Browns und seiner Mitarbeiter offenbarten, daß Insekten und höhere Tiere tatsächlich auf kreisende horizontale Magnetfelder reagierten, deren Intensität der des Erdfeldes entsprach. Diese Reaktion variierte zudem je nach Tageszeit und nach Mondphase. Aus Untersuchungen anderer Forscher ging hervor, daß Organismen wie Honigbienen, Fliegen, Rotkehlchen, Brieftauben und Wüstenmäuse durch Magnetfelder beeinflußt werden, die nicht stärker sind als die des irdischen Geomagnetismus. Zugvögel scheinen ihre Wanderrichtung anhand umgebender magnetischer Felder identifizieren zu können.

Brieftauben können vom Kurs abgebracht werden, wenn man ihnen kleine Stabmagnete um den Hals bindet. Ihr Flugmuster läßt sich umdrehen, indem man lediglich durch winzige Magnetenspulen, die an ihren Köpfen befestigt sind, die Richtung der Umgebungsmagnetfelder umkehrt. Dr. Brown schloß daraus, daß ein lebender Organismus die Fähigkeit besitzt, geographische Richtungen anhand subtiler geophysikalischer Feldkomponenten wie des Magnetismus zu unterscheiden. Mit anderen Worten: Der Organismus verfügt über einen zuverlässigen Magnetkompaß. Die Fähigkeit lebender Organismen, magnetische Felder zu spüren, bezieht sich nicht nur auf die Richtungsfindung. Sie scheint auch eine Regulierungsfunktion auszuüben.

Die Umkehr des Magnetfeldes kann bei mehreren Organismen zu einer Phasenverschiebung der biologischen Rhythmen um 180 Grad führen. Damit kann eine Veränderung des *Raum*-Vektors der Umgebung eines Lebewesens Veränderungen der *Zeit*-Gestaltung seiner biologischen Rhythmen bewirken.

Es gibt viele Faktoren, die das Magnetfeld der Erde und somit das organische Leben beeinflussen. Einer dieser Faktoren ist selbstverständlich der Mond. Der Mond wirkt auf das Magnetfeld der Erde auf zweierlei Weise ein. Unmittelbar besitzt er sein eigenes Magnetfeld, das zwar schwach ist, aber dennoch eine rhythmische Schwankung des Erdmagnetfeldes verursacht. Desgleichen gibt es eine mittelbare Auswirkung auf das Erdmagnetfeld. Herbeigeführt wird sie durch den Einfluß des Mondes auf das Wetter, das wiederum elektromagnetische Muster beeinflußt.

Ein sowjetischer Forscher hat den Verdacht geäußert, der Mond könnte am spurlosen Verschwinden von Flugzeugen im berüchtigten Bermudadreieck schuld sein. A. I. Yelkin vom Moskauer Institut der Bauingenieure glaubt, lunar-solare

Gezeiten störten das Erdmagnetfeld unter dem Ozean und verursachten damit Mißweisungen des Flugzeugkompasses – oft mit tragischen Folgen. Seine Aufzeichnungen über das Verschwinden von Flugzeugen über dem Atlantik zeigen, daß dies jeweils eintrete bei Vollmond, Neumond, oder wenn der Mond der Erde am nächsten stehe – immer, wenn's eng wird, sozusagen.

Klaus-Peter Ossenkopp von der University of Manitoba hat umfangreiche Forschungen im Bereich der geophysikalischen Einflüsse auf das menschliche Verhalten vorgenommen. Er schreibt: »... scheint es eindeutig Mondeinflüsse auf die Wetterbildung zu geben, und diese Veränderungen könnten auf eine Veränderung der umgebenden elektrischen und magnetischen Felder hinweisen, deren Einfluß auf das Tierverhalten nachgewiesen ist.«

Mittlerweile dürfte zur Genüge bekannt sein, daß es so etwas wie »konstante Laborbedingungen« nicht gibt. Selbst zu einem Organismus, der in einem dicken Bleibehälter tief unter der Erde vergraben abgeschirmt ist, dringen immer noch subtile geophysikalische Kräfte wie Schwerkraft und Elektromagnetismus durch. Die Gesamtmenge der Information, die Organismen über alles durchdringende Kräfte erreicht, umfaßt Informationen über Sonnenauf- und -untergang, Mondauf- und -untergang und über den Himmelslängengrad der Erde an jedem beliebigen Tag.

Die Organismen scheinen unablässig und aufs engste mit ihrer Umgebung verbunden. Der Organismus selbst ist eine dynamische elektromagnetische Einheit, deren Felder mit denen der Umgebung kontinuierlich sind. Ein Pionier der Erforschung des dynamischen Lebens- und Umgebungsgleichgewichts war der verstorbene William F. Petersen, Professor für Pathologie an der medizinischen Fakultät der Universität von Illinois in Chicago. Dreißig Jahre lang, von 1920 bis 1950, unternahm er minutiöse Untersuchungen, die zeigten, daß die biologischen Rhythmen des Menschen mit den Wettergegebenheiten korrelierten. Er stellte fest, daß sich sowohl menschliche Rhythmen als auch Wetterveränderungen auf natürliche Schwankungen des Sonnenzyklus, des Mondzyklus und des Sternzyklus zurückverfolgen ließen.

Dr. Petersens Arbeiten erfolgten zu einer Zeit, als die medizinische Wissenschaft der biometeorologischen Forschung noch gleichgültig gegenüberstand. Er erhielt praktisch weder Geld noch Ermunterung. In einem besonders wichtigen Experiment untersuchte er sämtliche biochemischen und physiologischen Reaktionen einer Gruppe eineiiger Drillinge (damalige Medizinstudenten im 3. Semester an der University of Illinois). Das Experiment ergab Kurven für jede untersuchte Funktion. Sie korrelierten mit den wichtigsten Wettervariablen vor Ort. Veränderungen der Rhythmuskurven standen im Zusammenhang mit Störungen wie dem Durchzug von Warm- oder Kaltluftfronten, Sturmbewegungen und Veränderungen des Luftdrucks. Dr. Petersen konnte das Auftreten von Krankheiten und psychologischen Störungen auf die Veränderung der meteorologischen Bedingungen zurückführen. Desgleichen gelang es ihm, atmosphärische Gezeiten mit den Veränderungen des Organrhythmus' der Drillinge zu korrelieren.

Er gelangte zu der Auffassung, der kritische Faktor für die rhythmischen Gesundheits- und Umgebungswirkungen sei, ob der in der Atmosphäre vorhandene Sauerstoff ausreichte und rein genug war. Bislang ist diese These, soweit ich weiß, noch von keiner anderen Arbeit unterstützt worden. Doch gleichgültig, ob nun der Sauerstoff ein kritischer Faktor ist oder nicht – seine statistischen Korrelationen haben Bestand. Sie sind durch nachfolgende Forschungen untermauert worden.

Dr. Petersen dokumentierte Rhythmen in der allgemeinen Bevölkerung, indem er die Zahl von Geburten, Todesfällen, Selbstmorden und psychotischen Anfällen sowie die relative Geschlechtszugehörigkeit Neugeborener und Sterbender näher untersuchte. Die Todeskurve verglich er mit der Einlieferung psychotischer Patienten, mit Geburten und Wettervariablen. Die atmosphärischen Gezeiten setzte er in Beziehung zu den Rhythmen von Geburt, Tod und psychotischen Störungen in der allgemeinen Bevölkerung. Er gelangte zu dem Schluß, daß die Bevölkerung massiv auf kosmische Kräfte reagiere, wobei das Wetter das unmittelbare Bindeglied zum Kosmos darstelle.

Der größte Teil von Petersens Arbeit bezog sich auf die Korrelation von Individual- und Populationsrhythmen mit dem Sonnenfleckenzyklus. Daneben interessierte er sich auch für Mond-Periodizitäten. Er ließ sich von der Arbeit des dänischen Nobelpreisträgers Svante Arrhenius inspirieren, dessen 1898 erschienene Abhandlung über »Kosmische Einflüsse auf physiologische Phänomene« den Ausgangspunkt der modernen wissenschaftlichen Untersuchung der kosmischen Wirkungen auf den menschlichen Organismus bildet.[1] Arrhenius wies eindeutige lunare Einflüsse auf Tod, Geburt, Menstruation, epileptische Anfälle sowie das atmosphärische elektrische Potential nach. Petersen identifizierte seinerseits Rhythmen in folgenden Datenerhebungen: in den Geburten- und Todesstatistiken von New York und Chicago, im Auftreten von Scharlach und Epilepsie, bei kardiovaskular- und tuberkuloseverursachten Sterbefällen und bei Selbstmorden. Er stellte fest, daß unmittelbar nach Vollmond mehr Jungen und um Neumond

[1] Von Arrhenius sind mehrere einschlägige Werke auf Deutsch erschienen, darunter das zweibändige *Lehrbuch der kosmischen Physik* (1902) und *Das Werden der Welten* (1908). (Anm. d. Übers.)

mehr Mädchen zur Welt kamen. In Wettervariablen entdeckte er lunare Tendenzen.
Petersen schloß aus seinen Beobachtungen, »die periodische Verzerrung der Erdkruste und Meeresoberfläche bei veränderter Stellung des Mondes ist ein eindrucksvolles Phänomen, und es ist nicht ausgeschlossen, daß sich diese Belastungen auch in der wechselnden Verteilung der Flüssigkeitsspannungen in Organismen widerspiegeln und sich klinisch in funktionalen Veränderungen anfälliger Organe und Gewebe niederschlagen, die damit außer Balance geraten. Normale Personen bleiben sich des Gezeitenumschwungs in ihren körperlichen Prozessen unbewußt. Nur wenn der Ausschlag der Wellen zu groß wird oder der Schock zu plötzlich eintritt, haben wir keine Zeit für einen angemessenen Ausgleich und kommt es zu Unbehagen und Krankheit.«
Petersen gehört zu den Begründern der heute allgemein anerkannten Biometeorologie. Als einer der ersten Forscher der Neuzeit vertrat er das Konzept, der Mensch sei ein »kosmischer Resonator«, betonte jedoch, tatsächlich sei diese Vorstellung schon recht alt. So empfand er einen Großteil seiner Arbeit als Wiederentdeckung. Er betonte, der menschliche Organismus hänge von seiner gesamten Umgebung ab und sei in sie integriert; diese hänge ihrerseits wiederum mit den Rhythmen des Universums zusammen. Petersen nannte das Ganze »Kosmobiologie«. Dieser Begriff bringt seine Gesamtauffassung treffend zum Ausdruck.
Die Russen haben die kosmobiologische Wissenschaft der »Heliobiologie« entwickelt. Im wesentlichen geht es dabei um die Untersuchung der Sonne und ihres Einflusses auf das Leben auf der Erde. In mehreren Studien wurde eine Korrelation zwischen den Sonnenfleckenrhythmen und *son(n)*derbar mannigfaltigen Ereignissen wie Unfällen, Pestepidemien, Ernteerträgen, Viruserkrankungen und Herzkrankheiten

nachgewiesen. Forscher in aller Welt haben den Sonnenfleckenrhythmus von insgesamt elf Jahren mit solchen Ereignissen in Verbindung gebracht.

1915 legte der russische Wissenschaftler Schischewskij eine systematische Untersuchung des Verhältnisses mehrerer biologischer Phänomene mit kosmischen Variablen auf. Er entdeckte Parallelen zwischen Veränderungen der Sonnenaktivität und kolloidal-elektrischen Veränderungen des Blutes, der Lymphgefäße und des Zellprotoplasmas von Tieren sowie dem Wachstum von Bakterienkulturen. Später wurde festgestellt, daß Diphtheriebazillen in Jahren maximaler Sonnenaktivität weniger toxisch wurden und sich eher wie nahe verwandte Bakterien weniger schädlicher Art verhielten.

1935 beobachteten japanische Wissenschaftler einen Zusammenhang der Koagulationsrate des menschlichen Bluts mit der Sonnenaktivität. Zum Zeitpunkt des Durchgangs von Flecken durch den Mittelmeridian der Sonne stieg die Koagulationsrate auf mehr als das Doppelte. Das wurde mit dem Rotationszeitraum der Sonne (27 Tage) und dem Elfjahreszyklus der Sonnenaktivität in Verbindung gebracht. 1958 ergab sich aus der Untersuchung von fast fünfzehntausend Fällen, daß in sonnenaktiven Zeiten die Gesamtmenge der weißen Blutkörperchen zurückging, die Zahl der Lymphozyten jedoch zunahm. Dieser Effekt hatte eine charakteristische geographische Note. Am ausgeprägtesten war er in den Polarregionen, während er in den Äquatorbreitegraden praktisch durch Abwesenheit glänzte. (Aufgrund der Struktur des Erdmagnetfeldes weisen die Van-Allen-Strahlungsgürtel an den Polen Löcher auf; sie umspannen den Globus wie zwei riesige, aufrechtstehende Bohnenkerne.)

Seit langem ist bekannt, daß sich die Populationsgröße vieler Arten von Organismen zyklisch vergrößert, wobei die Periode etwa elf Jahre ausmacht. Diese Zyklenhaftigkeit ist bei

Meeresalgen und Korallenkolonien sowie bei der Fortpflanzung von Fischen, Insekten und diversen Säugetieren beobachtet worden. In den vergangenen hundert Jahren ist wiederholt ein Zusammenhang zwischen erhöhter Sonnenfleckenaktivität und der Häufigkeit mehrerer Krankheiten beobachtet worden. Ende der dreißiger Jahre wies Schischewskij nach, daß Ausbrüche von Pest, Cholera, Influenza, Diphtherie und anderen ansteckenden Krankheiten mit Zeiten erhöhter Sonnenaktivität zusammenhingen.

Die von der Sonnenfleckenaktivität ausgelösten Sonneneruptionen verursachen auf der Erde Magnetstürme. Man geht davon aus, daß diese Störungen zeitgleich auf das Leben zurückwirken. Der sowjetische Heliobiologe Dr. Alexander Dubrow glaubt, daß zwischen Veränderungen des Erdmagnetfeldes und kardiovaskularen Erkrankungen ein eindeutiger Zusammenhang besteht. Dieser Zusammenhang liege darin begründet, daß das geomagnetische Feld »akute Veränderungen in der Durchlässigkeit der Blutgefäße« verursache. Nach Dubrow werden solche akute Veränderungen durch Einflüsse einer »magischen« Substanz herbeigeführt – des Wassers nämlich: »Offenbar hat die Steuerung mit Veränderungen in den Wassermolekülen der Membranen zu tun.«

Dieser biologischen Entdeckung kommt ungeheure Bedeutung zu. Über Membranen verlaufen so viele lebenswichtige Prozesse in unserem Körper, daß wir von den Auswirkungen dieses kosmischen Einflusses stundenlang reden könnten! Dubrow gelangte zu dem Schluß, daß »... das geomagnetische Feld, das die Durchlässigkeit regelt, einen entscheidenden Einfluß auf alle Prozesse ausübt, die in den lebenden Zellen, im Organismus und letztlich in der ganzen Biosphäre ablaufen«.

Seine Entdeckung traf mich wie ein Blitz. Ich hatte meine biologische Gezeiten-Theorie auf dem Wasseraustausch zwischen den Flüssigkeitsräumen des Körpers aufgebaut, der von

Membranen gesteuert wird. Wurde die Durchlässigkeit der Membranen vom umgebenden Magnetfeld geregelt und beeinflußte der Mond das Magnetfeld der Erde, so war hier eine mögliche Kausalitätskette zwischen dem Mond und dem Flüssigkeitsgleichgewicht des Körpers aufgedeckt. Wenn sich diese Erkenntnisse als richtig erweisen, dann hat Dr. Dubrow ein Bindeglied für die biologische Gezeiten-Theorie geliefert. Seine Arbeit berührt viele Bereiche der biologischen Wissenschaften. Ebenso steckt seine Entdeckung einer Auswirkung des geomagnetischen Feldes auf die Vererbung voller Möglichkeiten.

Wie wir sahen, veranlaßten seine Ergebnisse Dubrow zu der Vermutung, daß magnetische Felder Veränderungen in Wassermolekülen hervorrufen. Das Wasser – diese scheinbar so einfache Substanz – unterliegt atemberaubenden Veränderungen. Die inkonsistente Natur des Wassers reizte die Neugier des verstorbenen Professors Giorgio Piccardi, vormals Leiter des Instituts für physikalische Chemie in Florenz. Er begann sich mit dieser Frage zu beschäftigen, als er gebeten wurde, etwas zu finden, womit sich Kalkablagerungen aus Industriekesseln entfernen ließen. Piccardi behandelte, genauer: »aktivierte« Wasser und benutzte es anschließend zur Auflösung der Ablagerungen. Sein Verfahren funktionierte, aber leider nicht konsequent. Beim Einsatz zu unterschiedlichen Zeiten und an unterschiedlichen Orten erwies es sich als unterschiedlich wirksam. Er fragte sich nach dem Warum und beschloß, die Eigenschaften des Wassers eingehender zu untersuchen.

In seinem Labor stellte er Reagenzgläser mit destilliertem Wasser auf. Die Hälfte der Reagenzgläser blieben offen für die Umgebung, die andere Hälfte wurde mit Metallsieben abgeschirmt. Allen Reagenzgläsern mischte er die chemische Verbindung Wismut-Oxychlorid bei, die im Wasser ein Kolloidpräzipitat bildete.

Piccardi stellte fest, daß die Ausfallrate in den nicht abgeschirmten Reagenzgläsern signifikant anders war als in den abgeschirmten. Viele Jahre lang wurde dreimal täglich die Kolloidausfallrate unter verschiedenen Versuchsbedingungen und unter Benutzung von gereinigtem wie auch »aktiviertem« Wasser gemessen. Es stellte sich heraus, daß die Ausfällrate je nach Sonnenaktivität, Mondphase, kosmischer Strahlung, Planetenbewegung im Verhältnis zur Erde und anderen kosmischen Ereignissen variierte. Aus seinen Versuchen leitete Piccardi ab, die Variationen der Ausfällraten würden durch das Erdmagnetfeld vermittelt. Wie Dubrow stellte auch er fest, daß das Magnetfeld das Medium war, vermittels dessen die kosmischen Ereignisse die physikalischen Eigenschaften des Wassers beeinflußten. Nichts lag näher als die Vermutung, wenn Wasser je nach den natürlichen Variationen der umgebenden geomagnetischen Felder unterschiedliche physikalische Zustände annehmen könne, dann werde auch Wasser in Kolloidallösungen (die den Großteil der meisten Pflanzen- und Tierorganismen ausmachen) durch kosmische Veränderungen berührt.

In den Piccardi-Versuchen verursachten kosmische Störungen dramatische Veränderungen der Ausfällraten. Die Körperflüssigkeit von Tieren und Menschen wird zweifellos auf ähnliche Weise beeinflußt. Diese Entdeckung ist von großer Bedeutung für die biologische Gezeiten-Theorie.

Eine Veränderung der physikalischen Eigenschaften von Körperflüssigkeiten könnte zu veränderter Flüssigkeitsretention, Veränderungen der Geschwindigkeit, mit der die Flüssigkeiten durch Membranen gehen, Veränderungen des Blutdrucks und des Herzausstoßes führen. Auch die Wasseraufnahmefähigkeit der Zellen, die elektrische Weiterleitung zwischen Körpergewebe, und die Nervenreizung wären betroffen. Der »Piccardi-Effekt« auf Wasser legt die Möglichkeit nahe, daß kosmische Ereignisse auf dem Weg über elektromagnetische Felder auf körperliche Prozesse einwirken.

Professor Piccardi entdeckte auch Unterschiede in den physikalischen Eigenschaften von Wasser und Kolloidallösungen auf unterschiedlichen geographischen Breitengraden. Dies könnte bei der Klärung des Phänomens der »Latitudinal-Passage« wichtig werden.

Die Arbeit von Dr. Siednot Lang von der Universität des Saarlandes validiert die Konzepte Piccardis. Dr. Lang wollte die Wirkungen elektrostatischer Felder auf die Physiologie und das Verhalten von Ratten und Mäusen bestimmen. In Faradayschen Käfigen (die 99 Prozent der irdischen elektrostatischen Kräfte wirksam ausschließen) gehaltene Tiere zeigten eine dramatische Steigerung der Flüssigkeitsretention und des Körpergewichts sowie signifikant veränderte physiologische und verhaltensmäßige Funktionsweisen. Die Hormonregulierung, die chemischen Körperprozesse und die neuromuskulare Reizbarkeit waren während der Beobachtung deutlich verändert. Zwar war die Abschirmung durch Faradaysche Käfige ein vom Menschen verursachter Eingriff in die allgegenwärtigen elektromagnetischen Felder um die Tiere, aber in Wirklichkeit schuf Dr. Lang in seinem Labor eine kosmische Perturbation.

Die Veränderung des physikalischen Zustands der Körperflüssigkeiten der Tiere hatte dramatische Veränderungen des zuvor notierten Flüssigkeits- und elektrolytischen Stoffwechsels zur Folge. Mit dem Eingriff in die elektromagnetischen Naturkräfte der Umgebung wurde in den Tieren ein Piccardi-Effekt und anschließend eine künstlich verursachte biologische Flut hervorgerufen.

Die Erforschung des Einflusses der geophysikalischen Umgebung auf das Verhalten hat neuerdings zugenommen, aber immer noch haben wir die Oberfläche nur angekratzt. Die

meisten Studien werfen mehr Fragen auf, als sie beantworten. Das ist typisch für jede Anfangsphase eines Forschungsgebiets.
1963 zeichnete Dr. Robert Becker eine Korrelation zwischen Einlieferungen in psychiatrische Kliniken und Sonnenstürmen (oder Veränderungen des Sonnenfleckenrhythmus') graphisch auf. Später berichtete er von einem Zusammenhang geomagnetischer Störungen mit gestörtem Verhalten von Psychiatriepatienten sowie über die Wirkung von Magnetfeldern auf das Reaktions- und Leistungsverhalten von Menschen. Nach seinen Feststellungen können Magnetfeldmodulationen die Reaktionszeit und damit auch die Ausführung von Aufgaben durch Menschen erheblich beeinflussen. Des weiteren wurde das Verhalten psychisch Kranker mit der kosmischen Strahlungsaktivität korreliert. (Kosmische Strahlen liefern einen quantifizierbaren Maßstab für die geomagnetische Aktivität der Umgebung. Das Magnetfeld der Erde wirkt an unserem Schutz vor gefährlicher kosmischer Strahlung mit; der Umfang der kosmischen Strahlen, die die Erde erreichen, zeigt die Stärke des Erdmagnetfeldes an.)
1968 wiesen R. Bokonjic und N. Zec von der medizinischen Fakultät in Sarajewo eine Korrelation zwischen Schlaganfällen und Schwankungen des Luftdrucks, der Temperatur und der Luftfeuchtigkeit nach.
Dr. Floyd Dunn, Professor für Elektrotechnik und Biophysik an der Universität Illinois, und John Green von den Bell-Laboratorien korrelierten die Häufigkeit von Autounfällen mit hohen Infraschallraten. Infraschall hat eine extrem niedrige Frequenz, so niedrig, daß wir ihn nicht hören können. Doch obwohl er unterhalb unserer Hörschwelle liegt, berührt er uns auf vielerlei Weise. Schon bei mäßiger Infraschallintensität fühlen wir uns unbehaglich und erregt. Diese Wirkung hält die Dunn-Green-Untersuchung für verantwortlich für steigende Unfallzahlen. Bei großer Intensität kann Infra-

schall sogar töten, indem er lebendes Gewebe bersten läßt. Zum Glück erreicht natürlich erzeugter Infraschall nie diese Stärke. In der natürlichen Welt ist der Infraschall ein subtiler, alles durchdringender Effekt. Man glaubt, daß er durch magnetische Stürme ausgelöst wird, die von den Sonneneruptionen ausgehen.

Dr. Felix Gad Sulman hat nachgewiesen, daß herrschender heißer, trockener Wind – unter anderem als Sharav, Föhn, Schirokko oder Harmattan bekannt – bei Tieren und Menschen eine deutlich gesteigerte Unruhe und Reizbarkeit auslöst. In flachen Gebieten, die auf drei Seiten von Bergketten umgeben sind, wird das Auftreten dieses »bösen Windes« mit verstärktem Leiden und Sterben physisch und psychisch Kranker verknüpft. Offenbar verändert sich mit ihm die ionische Ausgeglichenheit der Atmosphäre. Überschüssige positive Ionen aus der Atmosphäre bleiben auf der Erdoberfläche hängen. Sowohl nach den Forschungen von Dr. Sulman, der in Israel arbeitet, als auch denen von Dr. Alfred P. Krueger von der Universität von Kalifornien in Berkeley, bewirken überschüssige positive Ionen beim Menschen eine Zunahme des Serotonins, einer Übertragungssubstanz von Nervenimpulsen im Körper. Überschüssiges Serotonin kann eine Person nervös, reizbar oder bedrückt werden lassen. Ist jemand schon krank oder für emotionale Ausbrüche prädisponiert, kann dies ernsthafte Folgen haben. (Umgekehrt vermittelt uns ein Überschuß von negativen Ionen ein Gefühl des Wohlbehagens. Herabfallendes Wasser generiert negative Ionen. Das ist ein Grund, warum viele Leute gerne lange duschen oder sich mit Vergnügen an großen Wasserfällen wie den Niagarafällen aufhalten.)

Die Menschen in häufig von »bösen Winden« heimgesuchten Gegenden erklären üble Laune und seltsames Betragen meist mit »dem Wind«. Manche Chirurgen lehnen es (außer in Notfällen) ab, bei Föhn oder Schirokko zu operieren, weil sie glauben, daß solche Zeiten besonders ungünstig sind. Auch das Nahen einer Tiefdruckfront verursacht eine Konzentration positiver Ionen. Es gibt kaum jemand, der nicht einen Stimmungsumschwung erlebt, wenn sich ein Sturm zusammenbraut.

Das Wetter verändert nicht nur den Ionengleichgewichtszustand in der Atmosphäre, sondern es verursacht auch, wie erwähnt, elektromagnetische Störungen. Diese nehmen die Form von elektromagnetischen Feldern extrem niedriger Frequenz (ELF) an. In ihrer Studie über selbstverursachte Verletzungen und den Mondzyklus äußerten Klaus-Peter und Margitta Ossenkopp die spekulative Meinung, mittelbar mit dem Mondzyklus verknüpfte elektromagnetische Störungen wirkten auf das menschliche Verhalten zurück. Da sie eine signifikante Korrelation zwischen dem Mondzyklus und selbstverursachten Schädigungen bei Frauen festgestellt hatten, fragten sie sich, ob vielleicht das weibliche Hormonsystem für diesen Typus einer ELF-Störung besonders empfindsam sei.

ELF-Wellen könnten auch von der Interferenz des Mondes mit dem Magnetfeld der Erde sowie vom Wetter verursacht sein. Die Ossenkopps schrieben: »Wenn ELF-Wellen aus Wetterstörungen, vielleicht sogar die vom Magnetschweif der Erde während gewisser Teile des Mondzyklus freigegebenen Energiepartikelchen irgendwie die Hormonbilanz von Frauen so verändern, daß sie der bei Menstruationsbeginn gegebenen ähnelt, dann könnte das den weiblichen Verteilungsanteil in dieser Studie erklären.«

Diese Spekulation über den Einfluß des Mondes auf den magnetischen »Schweif« der Erde ist faszinierend. In der Vollmondphase können ganze Energiepartikelschauer freigesetzt werden: »Bei Vollmond geht der Mond durch den Schweif hindurch und befindet sich etwa vier Tage lang in ihm.« Man-

che Wissenschaftler haben angedeutet, daß dieses Phänomen die Häufigkeit so unterschiedlicher Ereignisse wie selbstzerstörerisches Handeln und Gewitter beeinflussen könnte.
Einige Meteorologen haben spekulativ erwogen, ob vielleicht die Anziehungskraft des Mondes die Masse des Meteoritenstaubs verändere, der in die Atmosphäre eintrete. Tatsächlich kann sich der Mond mit anderen kosmischen Einflüssen auf unseren Planeten vermischen. Wenn sich der Mond beispielsweise der von der Sonne ausgehenden Strahlung (Sonnenwind) in den Weg stellt, könnten kosmische Schauer kurzzeitig unterbrochen sein. Wahrscheinlich ist das eine »kleine Wirkung«, aber ganz abschreiben sollten wir sie nicht. Im Verlauf unserer Forschungen haben wir gesehen, wie scheinbar kleine Wirkungen riesige Bedeutung gewinnen können.
Dr. Robert Becker, dessen Arbeiten an einer Korrelierung der Einlieferungen in psychiatrische Kliniken mit dem Sonnenfleckenzyklus wir bereits angesprochen haben, hat im Bereich extrem subtiler elektromagnetischer Felder Pionierarbeit geleistet. In den fünfziger Jahren erwachte sein Interesse an den früheren Feststellungen von Burr bezüglich des unterschiedlichen elektrischen Potentials von gesundem und verletztem Gewebe, und er begann mit der gründlichen Untersuchung der elektrischen Eigenschaften der Wundheilung. Schon bald stellte er elektrische Veränderungen an frischen Gewebeverletzungen fest. Er nannte sie »Verletzungsstrom« und wies später nach, daß dieser beim Heilungs- und Regenerationsprozeß beschädigter Gewebe maßgeblich mitwirkt. Möglicherweise ist das, was die Kirlian-Photographie aufzeichnete und als Energiefelder bezeichnete, genau der elektrische Unterschied zwischen beschädigtem und gesundem Gewebe.
Dr. Becker fand heraus, daß das Nervengewebe eine winzige Gleichstromelektrizität produziert. Er brachte es fertig, Mini-

ströme sowohl zu den Mantelzellen, die alle peripheren Nerven umgeben, als auch zu den Gliazellen zurückzuverfolgen, die die Nerven im zentralen Nervsystem (Gehirn und Rükkenmark) umgeben und stützen. Diese elektrischen Ströme bestehen unabhängig vom »Aktionspotential-System«, das die Nervenimpulse an den Nervenfasern entlang leitet.

Becker ist sogar der Auffassung, evolutionsgeschichtlich gesehen sei sein elektrisches Gleichstromsystem älter als das Aktionspotential-System oder könne gar als dessen Vorgänger gelten. Die landkartenmäßige Aufzeichnung des Elektropotentialsystems ganzer Organismen hat gezeigt, daß die elektrischen Kraftlinien ein Muster bilden, das mit dem der Nervenstruktur des Organismus identisch ist.

Aufgrund seiner Studien hat Becker eine Theorie der Entwicklung und Funktionsweise des Nervensystems entfaltet. Dessen Stromleitfähigkeit hält er für einen Mischprozeß. Einerseits bestimme die Gleichstromleitfähigkeit das Wachstum und die Entwicklung des Nervensystems, des Organsystems und der Zellenprozesse des Organismus. Die Eigenschaften dieses Gleichstromsystems ähnelten denen eines Analogcomputers mit Halbleiterfunktionen. Andererseits leite das vertraute Aktionspotential-System die Nervenimpulse entlang der Nervenfasern weiter. Dessen Funktionieren ähnele dem eines Digitalcomputers.

Becker stellte fest, die beiden Teile des Mischsystems seien an »Verstärkerknoten« miteinander verbunden, die in Abständen über das Nervennetz verteilt seien. Über diese Verstärkerstellen könnten Veränderungen im Gleichstromsystem den Gang der Aktionspotentiale entlang der Nervenfasern verstärken oder modulieren. Diese Verstärkerknoten sind identisch mit den in der alten und neuen Literatur ausführlich beschriebenen Akupunkturstellen.

Über dieses Gleichstromsystem »spürten« wir nunmehr, wie

Becker meint, Veränderungen in der elektromagnetischen Umgebung. »Dieses System hat mit der Entgegennahme von Schädigungs- oder Verletzungsstimuli zu tun – die wir als Schmerz empfinden –, sowie mit der Regulierung der verschiedenen Wachstumsreparaturprozesse einschließlich der Knochenregeneration. Sein Wesen macht es für elektrische und magnetische Störungen anfällig. Wir sind der Meinung, daß das Gleichstromsystem das Bindeglied zwischen den biologischen und den geomagnetischen Zyklen darstellt«, das an den genannten Verstärkerknoten wirksam wird.

Natürlich sind uns die Umgebungseinflüsse auf dieses System nicht bewußt. Deswegen stellten uns seine Funktionsweisen vor Rätsel, die wir nicht entschlüsseln konnten. Trifft Beckers Theorie zu, dann sehen wir deutlicher, wie der biologische Kompaß funktioniert, wie von Sonnenflecken ausgehende Magnetstürme unsere Gesundheit und unser Verhalten stören und wie der Mond mit diesem Nervensystem in Verbindung stehen kann. Nach Becker ist »die Wirkung des Mondes auf Lebendes aufgrund der Stellung des Mondes im geophysikalischen Erde-Mond-Sonne-System nur ein ›Phänomen zweiter Ordnung‹, produziert aber als solches zyklische Veränderungen des Erdmagnetfeldes«.

Becker befaßte sich hauptsächlich mit der Wundheilung und der Regeneration von Knochen nach Brüchen. Er hatte mit winzigen elektrischen Stromstößen experimentiert und elektromagnetische Felder niedriger Intensität zur Heilbehandlung erzeugt. Damit helfe man lediglich dem natürlichen Heilungsprozeß etwas nach, der ähnliche, biologisch produzierte Ströme einsetze. Obschon er mit seiner Technik beträchtlichen Erfolg hatte, warnte Becker vor ihrer verfrühten Breitenanwendung. Noch seien nicht alle Wirkungen bekannt, mahnte er.

Als er in den fünfziger Jahren seine Ergebnisse erstmals veröffentlichte, wurde er von seinen Kollegen verspottet. Seither aber hat sich die Wissenschaftlergemeinde immer mehr mit seinen Auffassungen angefreundet.

Ähnlichem Widerstand begegneten auch sowjetische Feststellungen in verwandten Gebieten, teils, weil noch die Haltung des Kalten Krieges vorherrschte, teils, weil die Russen umfangreiche Arbeit auf Gebieten geleistet haben, die den meisten amerikanischen Wissenschaftlern nicht der Aufmerksamkeit wert dünkten. Erst jetzt begreifen wir allmählich, daß die Russen eine Menge Wissen über die geophysikalische Umgebung aufgehäuft haben.

So haben russische Wissenschaftler entdeckt, daß die biologische Funktion von Pflanzen, Tieren und Menschen durch experimentell produzierte elektromagnetische Felder (wir nennen sie ab jetzt die »EmFs«) beeinflußt werden können, die etwa so intensiv sind wie jene, die die Erde umgeben. Diese Felder besitzen eine die Zellstruktur von Pflanzen und Tieren organisierende Wirkung und spielen vielleicht in der Evolution des Lebens eine entscheidende Rolle.

Die Wirkungen von EmFs geringer Intensität haben mit der Hitze- und Zerstörungswirkung hochintensiver elektromagnetischer Strahlen wie der Röntgen- und Gammastrahlen und der Superhochfrequenzfunkwellen nichts gemein. Viele Wirkungen, die Dr. Aleksandr Presman in seinem Buch *Electromagnetic Fields and Life* dokumentiert hat, werden von EmFs hervorgerufen. Er ist der Meinung, diese Felder leiteten Informationen an den Organismus, zwischen getrennten Organismen und sogar innerhalb unserer Körper weiter.

Lebewesen werden ständig von geräuschvollen Schwankungen in den uns umgebenden EmFs gebeutelt. Verursacht wird dieses EmF-»Rauschen« durch Phänomene wie Sonnenflekken- und -eruptionsaktivität oder durch das Koinzidieren von Planetenzyklen. Es ist festgestellt worden, daß die periodischen Schwankungen der EmFs der natürlichen Umgebung auf lebenswichtige Funktionen regulierend wirken – zum Beispiel auf die Rhythmen der wichtigsten physiologischen Prozesse, auf die animalische Orientierungsfähigkeit im Raum und auf die Vermehrung von Populationen. In lebenden Organismen werden die Aufnahmesysteme für EmF-gesendete Informationen gegen natürliche elektromagnetische Interferenzen abgeschirmt. Bei pathologischen Zuständen bewirken spontane Störungen der EmFs (zum Beispiel Sonneneruptionen und Blitzentladungen) eine Deregulierung physiologischer Prozesse. Es gibt Hinweise darauf, daß lebende Organismen im Verlauf ihrer Evolution EmFs benutzt haben, um Informationen über Veränderungen der natürlichen Umgebung einzuholen. Vermittels der EmFs läßt sich die Information über jedes Medium weiterleiten, das von lebenden Organismen bewohnt ist sowie unter allen meteorologischen Bedingungen.

Das Presmansche Konzept des Regulierungseffekts natürlicher EmFs ergänzt Frank Browns extrinsische Zeittakttheorie der biologischen Rhythmen ebenso wie meine biologische Gezeiten-Theorie. Wie die Information von EmFs genau übermittelt wird, ist unbekannt. Es könnte sein, daß die direkte Einwirkung von EmFs auf verschiedene Teile des Nervensystems physiologische Störungen verursacht (diese Möglichkeit spricht zugunsten Beckers Idee von den Verstärkerknoten im Nervensystem). Nach Presman scheinen das zentrale Nervensystem, die Großhirnrinde und der Hypothalamus am empfindsamsten auf EmFs zu reagieren.

In neuerer Zeit ist hochfeines Gerät, das erstmals im Raumfahrtprogramm Verwendung fand, zum Aufspüren winziger EmFs in der Umgebung von aktiven Nerven, Muskeln und Tierherzen eingesetzt worden. Allein die Tatsache, daß man ein EmF in der Nähe einzelner Zellen und Organe sowie ganzer Organismen aufspüren kann, deutet auf die Möglichkeit eines Informationsaustausches zwischen Tieren durch EmFs hin.

Dr. Presman listet vier mögliche Arten des Bioinformationstransfers zwischen Mitgliedern derselben Tierpopulation sowie zwischen unterschiedlichen Tierpopulationen auf. Der erste Typus des Bioinformationstransfers ist für die schnelle Koordinierung der Tätigkeit eines Einzeltiers in einer Tiergruppe oder -gemeinschaft verantwortlich. Vermutlich sind es solche Verbindungen, die den gleichzeitigen Flugrichtungswechsel von Vogel- oder Fischschwärmen sowie die schnelle Koordination bestimmter Insekten steuern (sie handeln, als seien sie allesamt »eines Sinnes«). Die Verbindung geschieht über relativ kurze Distanz und läßt sich durch schwache Signale vollziehen, die nur eine kleine Informationsmenge enthalten. Beim zweiten Typus handelt es sich um eine verhältnismäßig langsame Signalübertragung. Eventuell ließe sich damit die erstaunliche Fähigkeit vieler Tiere erklären, über weite Entfernung wieder zueinander zu finden. Der dritte Typus des Bioinformationstransfers ist der langsame Informationsaustausch zwischen Einzeltieren einer bestimmten Population oder Art. Beim vierten Typus geht es um das Verhalten und die Entwicklung von Tieren in Gruppen oder Gemeinschaften in Wechselwirkung mit den Umgebungs-EmFs. Sind die Presmanschen Modelle des Bioinformationstransfers auch noch vage, so könnten sie doch für das Verständnis der sogenannten außersinnlichen Kommunikation einen Rahmen liefern.

Die Arbeit vieler höchst verschiedener Forscher deutet auf die Existenz eines unsichtbaren, aber ungemein wichtigen elektromagnetischen Universums hin. Über die EmFs erhalten wir biologische Zeittaktsignale, kommunizieren wir und regulieren wir unsere Lebenssysteme. Über die EmFs bleiben wir auf Empfang für den Kosmos.

7
Mond und Evolution

> Warum ist die Menschenlinie nicht in den Tiefen des Pliozäns ausgestorben? [. . .] Wir wissen, daß ohne ein Geschenk der Sterne, ohne ein zufälliges Aufeinandertreffen von Strahl und Gen, die Intelligenz in irgendeiner verlorenen afrikanischen Savanne untergegangen wäre.
>
> Robert Ardrey

In den endlosen Äonen, in denen das Leben entstand, war der Mond der beständige Begleiter der Erde. Da unsere Urvorläufer nach gängiger Meinung aus dem Meer aufgetaucht sind, läßt sich vernünftigerweise annehmen, daß sie eine besondere Empfindsamkeit für Gezeiten mit sich führten. Hinweise, daß der Mond die Evolution beeinflußt hat, sprechen mächtig zugunsten der biologischen Gezeiten-Theorie.
Der erste, der die moderne wissenschaftliche Theorie vom Ursprung des Lebens im Meer geäußert hat, war Erasmus Darwin, Großvater des berühmten Charles. In seinem epischen biologischen Gedicht *The Temple of Nature* hinterließ Großvater Darwin diesen unsterblichen Vers:

Organisch' Leben ward geboren und gesäugt
In perlenfarbner Tiefe uferloser Meere

Die Vorstellung vom Auftauchen des Lebens aus den Meeren ist alles andere als bloßes Ergebnis rein wissenschaftlichen Denkens. Viele Schöpfungsmythen nennen die Ozeane als Heimat des Primatenlebens. So schreibt Robert Graves über den homerischen Schöpfungsmythos: »Manche sagen, alle Götter und alle lebenden Geschöpfe seien aus dem Okeanus hervorgegangen, der die Welt umspannt, und Tethys sei die Mutter aller seiner Kinder.«

Was hat unsere Vorfahren glauben gemacht, das Leben sei im Meer entstanden? »... das angesammelte Wasser nannte er Meer. Und Gott sah, daß es gut war.« Haben unsere Altvorderen es intuitiv erfaßt? Gibt es ein Evolutionsgedächtnis der Menschenrasse, das zur Formulierung dieser Mythen führte?

Der Ursprung des Lebens im Meer, der heute als wissenschaftliche Tatsache akzeptiert ist, bedeutet zugleich, daß der Mond, der die Gezeiten der Ozeane regiert, in der Evolution eine große Rolle gespielt hat. Sein konstanter Rhythmus begleitete jede Phase des endlosen Kampfes des Lebens um immer ausgeprägter organisierte Existenzformen.

In seinem Klassiker *Die Abstammung des Menschen* argumentierte Charles Darwin, der Einfluß des Mondes beweise, daß der Mensch aus niedrigeren Lebewesen hervorgegangen sei: »Wie andere Säugetiere, Vögel und selbst Insekten ist auch der Mensch jenem geheimnisvollen Gesetz unterworfen, nach dem gewisse normale Vorgänge, die Trächtigkeit, die Reife, die Dauer mancher Krankheiten, den Mondperioden folgen.« Den Schlüssel zu diesem »geheimnisvollen Gesetz« fand Darwin in der Evolutionsphase, in der das Leben aus dem Wasser aufgetaucht sei und sich auf das große Abenteuer von Landtieren einließ, das zur Evolution der menschlichen Spezies geführt hat. Die Anpassung nach diesem Auftauchvorgang muß viele Generationen beansprucht haben. Es entwickelten sich Tierarten, die irgendwo zwischen reinem Fisch und den späteren Amphibien lagen. Es gibt sie noch heute; der südamerikanische Lungenfisch ist ein Beispiel dafür.

Die Spuren dieses uralten Ereignisses sind noch heute in der Entwicklung des menschlichen Embryos sichtbar. Beim Nachvollzug des Stammbaums des Menschen stellte Charles Darwin fest: »Noch früher müssen die Vorfahren des Menschen Wassertiere gewesen sein; denn die Morphologie lehrt ganz deutlich, daß unsere Lunge eine modifizierte Schwimmblase ist, welche einst als hydrostatisches Gebilde diente. Die Spalten am Halse des menschlichen Embryos zeigen uns, wo einst die Kiemen lagen. In den mit dem Monde oder wöchentlich wiederkehrenden Perioden einiger unserer Funktionen besitzen wir offenbar noch immer Andeutungen unseres einstigen Geburtsortes, eines von den Gezeiten umspülten Strandes.«

In der kritischen Phase der Evolution muß der Gezeitenrhythmus für diese Organismen eine gewaltige Rolle gespielt haben. »Die Bewohner des Meeresstrandes«, schrieb Darwin, »müssen von den Flutzeiten bedeutend beeinflußt werden; Tiere, welche entweder an der mittleren Flutgrenze oder an der mittleren Ebbegrenze leben, durchlaufen in vierzehn Tagen einen vollständigen Kreislauf von verschiedenen Flutständen. Infolge davon wird ihre Versorgung mit Nahrung Woche für Woche auffallenden Veränderungen unterliegen.

Die Lebensvorgänge solcher, unter diesen Bedingungen viele Generationen hindurch lebender Tiere können kaum anders als in regelmäßigen wöchentlichen Perioden verlaufen. Es ist nun eine mysteriöse Tatsache, daß bei den höheren und jetzt auf dem Lande lebenden Wirbeltieren, ebenso wie in anderen Klassen, viele normale und krankhafte Prozesse in Perioden von einer oder von mehreren Wochen verlaufen; diese würden verständlich werden, wenn die Wirbeltiere von einem Tiere abstammten, das mit den jetzt zwischen den Flutgrenzen lebenden Ascidien verwandt war.«

Die täglich wiederkehrenden Gezeiten müssen diesen Tieren als willkommene Gelegenheit erschienen sein, sich von ihrer neuartigen Landumgebung zu erholen. Das vom rhythmischen Gezeitenschlag begleitete Auftauchen aus dem Meer war ebensosehr traumatisches Ereignis wie triumphale Anpassung. Der Sog der Gezeiten ist nostalgie- und zugleich angstumwoben. Er erinnert an die Zeit, als das große Austrocknen dieser oder jener Region die Meerestiere zur Suche nach einem neuen Existenzmedium zwang.

Diese Katastrophe – das Austrocknen der Meere – war auch in anderer Hinsicht ein großer Wendepunkt. In seiner Erforschung der Entwicklung der Sexualität läßt der Psychiater Sandor Ferenczi anklingen, genau an diesem Evolutionspunkt hätten sich Aggression und genitale Sexualität vereinigt. Der Freudjünger Ferenczi äußert spekulativ, »die Kriegsstrategie im Zusammenhang mit den frühesten Koitus-Versuchen war in Wirklichkeit ein Kampf um Wasser, um Feuchtigkeit, und in der sadistischen Komponente des Geschlechtsaktes gelangt diese Kampfzeit zur Wiederholung, wenn auch nur symbolisch und spielerisch und obgleich zwischen diesen frühesten Vorläufern und dem Menschengeschlecht nur eine höchst ferne Abkommenschaft besteht.«

Es gibt mehrere herausragende Ereignisse, die in einer vom Mondrhythmus begleiteten Gezeitenumgebung eintreten. Ferenczis Spekulation über den Ursprung des Kampfs der Geschlechter reizt unseren Wissensdurst besonders. Er glaubt, daß dieser Kampf in einer monddominierten Umgebung begann. Diese Auffassung erklärt weithin den Zusammenhang zwischen den sexuellen und aggressiven Trieben mit der Mond-Periodizität. Die rhythmischen Muster des animalischen Lebens sind ebensosehr Produkt und Mittel der Evolution wie Augen, Flossen, Schwänze und Füße. Diese tief verwurzelten und verborgenen Rhythmen sind nur nicht sichtbar und werden daher oft übersehen. Frank Brown zufolge »unterliegen lebende Geschöpfe allesdurchdringenden Umgebungsperiodismen, gleichgültig, wo und in welchem Stadium ihres Lebenszyklus sie sich befinden, angefangen von den Reproduktionszellen bis in ihr ganzes Erwachsenenleben. Man kann sogar spekulieren, daß der wiederkehrende Sonnentag und die geophysikalischen Muster des Mondtages als Schablone dienten, anhand derer sich biologische Sequenzen ursächlich zusammenhängender Ereignisse herausbildeten.«

Sonne und Mond haben dem Zeittakt des Lebens auf seiner fundamentalsten Ebene ihren Stempel aufgedrückt. Man darf getrost davon ausgehen, daß der tägliche Rhythmus der Sonne als Basisschablone der regulären Zeittaktung diente, während sich der Einfluß des Mondes am stärksten in Zeiten von Katastrophen, Trauma und außergewöhnlicher Kreativität niederschlug – gewiß ein transzendentes Moment in der Evolution. Es ist genau so, wie viele kulturelle Auslegungen besagen: Die Sonne ist die Regel, der Mond ist die Ausnahme. Im Lichte solcher Evolutionsspekulationen wird klarer, wie und warum der Mond Geburt und Trauma symbolisiert.

Auch als das Leben die Meere schon verlassen und sich an die Landumgebung angepaßt hatte, blieb der Einfluß des Mondes spürbar. Vollmondnächte, sagten wir schon im 1. Kapitel, waren eine ausgezeichnete Zeit für Raubtiere zum Zuschlagen. Unsere vegetarischen Vorfahren wußten das. Wer die Warnung des Vollmondes zur Kenntnis nahm und ruhelos blieb, anstatt zu schlafen, der lebte länger und hinterließ mehr Nachkommen. Dieses Mondmuster liegt tief in unserem genetischen Erbgut eingewurzelt.[1] Der Sog des Meeres bleibt mächtig. Wie schmerzlich und schwierig es für unsere Vorläufer gewesen sein muß, das Meer zu verlassen, sieht man am Beispiel der Ordnung der *Cetaceae* – Wale und Tümmler –, die dorthin zurückgekehrt sind.

Ein weiterer lunarer Einfluß auf die Evolution betrifft die Auswirkung des Mondes auf das Magnetfeld der Erde. Der bereits erwähnte sowjetische Heliobiologe Alexander Dubrow entdeckte einen Zusammenhang zwischen Veränderungen in den Chromosomen und solchen des Magnetfeldes: »Der saisonale Verlauf der Veränderungen im letzteren Bereich fällt mit der Frequenz der Hormoninversionen bei der Essigfliege zusammen. Diese Forschungstatsachen bedeuten, daß sich evolutionäre Veränderungen in Organismen unter natürlichen Bedingungen durch den Einfluß des geomagnetischen Feldes vollziehen.« Robert Becker ist gleicher Meinung: die elektromagnetische Verbindung ist ein wichtiges Moment der Evolution. Nimmt man die wissenschaftlichen Feststellungen auf diesem Gebiet zusammen, so erkennt man, daß die elektromagnetischen Schwankungen unmittelbar vom Nervensystem aufgenommen werden und irgendwie die Chromosomenmutation beeinflussen. Leonard Ravitz ist aufgrund seiner eigenen Arbeiten an den »Lebensfeldern« zu gleicher Auffassung gelangt. Das Nervensystem habe sich »als Ergebnis dynamischer Kräfte« herausgebildet, die »den Zellgruppen durch das Gesamtfeldmuster aufgezwungen wurden«.

[1] Weiteres Material, das die menschliche Unruhe bei Vollmond evolutiv erklärt, wurde von Stephen H. Vessey von der biologischen Abteilung der Bowling Green State University beigesteuert. Er berichtet, bei Vollmond sei die nächtliche Aktivität von Rhesusaffen ausgeprägter.

Einige Arten haben die Bedeutung dieser wechselnden Felder für das Überleben gespürt und sich diesen starken evolutionären Einfluß zunutze gemacht. Frank Brown hat festgestellt, wenn man ein Bohnenkernpaar in ein wassergefülltes Gefäß lege, absorbiere der eine Kern Wasser, der andere nicht. Wendete man die Kompaßorientierung um 180 °, dann kehrte sich auch die Wasseraufnahme um. Je nach geomagnetischer Orientierung nehmen also unterschiedliche Kerne Wasser auf. Brown schloß daraus, diese Flexibilität beinhalte einen Evolutionsvorteil: »In ihrer Reaktion auf die natürlichen Schwankungen ihrer geomagnetischen Umgebung wird die Spezies ständig mit zwei Überlebensmöglichkeiten beliefert – mit dem Plus- und dem Minus-Zustand.« Der geoelektrische Magnetismus bedeutet, daß die elektrischen, magnetischen und schwerkraftmäßigen Eigenschaften unserer Erdumgebung als wechselwirksames Ganzes begriffen werden müssen.

In extrem einfachen Organismen hat sich das Leben an die Wirkungen der ständig wechselnden magnetischen Felder dadurch angepaßt, daß es seine Optionen erweiterte. In dieser Anpassungsreaktion wurde das Überleben der Spezies höher bewertet als das Überleben des Individuums. Die Art und Weise, wie die Einzelmitglieder einer Spezies eine solche transzendentale Aktivität koordinieren, gehört zu den Geheimnissen der Evolution. Dr. Brown sagte mir, die Antwort liege vielleicht in der Wechselwirkung elektromagnetischer Felder, der EmFs. Entsprechend auch Dr. Presman. Trifft die Brown-Presman-These zu, dann kann sich als Reaktion verschiedener Arten auf den Umgebungsstreß eine außersinnliche Wahrnehmung entwickelt haben.

In einem früheren Kapitel sprach ich davon, wie sich die Evolutionswege von Wolf und Mensch kreuzten. Die Werwolf-Legende lebt fort, weil der Wolf bei der Entwicklung der menschlichen Jägerpraktiken eine bedeutende Rolle gespielt hat. Jetzt erweist sich, daß die Anziehungskraft des Mondes schon lange vor diesem Punkt der menschlichen Evolution eine mächtige Wirkkraft war. Den Mondschwung gab es schon längst, ehe sich auch nur entfernt so etwas wie ein Mensch oder ein Wolf herausgebildet hatte.

Der Zusammenhang des Mondsoges mit den sexuellen und aggressiven Trieben, die entstanden, als Tiere erstmals vom Meer aufs Land wechselten, konnte sehr wohl Äonen später auch für das aggressive Verhalten des Wolfes bestehen. Die Werwolf-Idee erweist sich als höchst symbolisches menschliches Konzept, in dem sich biologische Tendenzen niederschlagen, die weit älter sind als die Entwicklung dieser oder jener Art.

Ganz nebenbei diese faszinierende Bemerkung: Das Fortleben der Werwolf-Legende erhielt vermutlich dadurch zusätzlichen Auftrieb, daß im 17. Jahrhundert Mondsüchtige und Irre in Hospitäler und Gefängnisse gesperrt wurden. Bei einigen manisch-depressiven Menschen lassen sich Episoden manischen Verhaltens bei Neu- oder Vollmond leichter und häufiger auslösen. Dann weisen sie verstärkte Stoffwechselprozesse auf, darunter auch beim Bartwuchs. Vielleicht hat die Beobachtung schnellen Bartwuchses bei hypermetabolischen Patienten, verknüpft mit ihren Anfällen wilden Verhaltens, die Werwolf-Legende in den vergangenen Jahrhunderten verstärkt. Bis vor relativ kurzer Zeit galt vielen Wächtern in Irrenanstalten geradezu als *Dogma*, daß der Irre auf eine animalische Ebene abgestiegen sei. Dieser Glaube kam der Werwolf-Metamorphose zugute. Bis 1808 gehörte es in Englands berüchtigtem Bedlam Hospital zur Gewohnheit, die Insassen bei bestimmten Mondphasen anzuketten und auszupeitschen, »um Gewalt zu verhindern«. Auch heute noch neigen wir dazu, unsere eigenen Irrationalitätsängste auf Irre zu projizieren.

Selbst heute noch sind die Zustände in Irrenanstalten oft jammernswert. Ist der Mensch erst in der Lage, die ihm innewohnenden »wölfischen« Tendenzen – sein evolutionäres Erbgut – zu akzeptieren, dann braucht er vielleicht keinen – menschlichen oder tierischen – Sündenbock mehr.
Manchmal entdeckt man auffällige Parallelen zwischen einem Organismus und der Umgebung, in der er lebt. Oben erwähnte ich schon, daß Mond-Mythologie und Mond-Poesie vielen Vernunftmenschen verabscheuenswert erscheinen. In der kosmischen Zeit gibt es eine Dualität: den Sonnenkalender und den Mondkalender. Diese Dualität hat ihre Parallele im traditionellen Gegensatz von rational (Sonne) und irrational/intuitiv (Mond). Der Mondtag steht nicht im Gleichtakt mit der Sonnenzeit und gilt damit als irrational. Diese Dualität hat immense kulturelle Bedeutung erlangt.
Die Parallele der Sonne-Mond-Konfiguration, die mythologisch auf der ganzen Welt verbreitet ist, hat neben der kulturellen auch eine biologische Basis. Die Einflüsse der sonnen- und mondgetakteten Zeitvorstellung sind nicht nur aufs engste in unsere Körperrhythmen verwoben, sondern spiegeln sich auch in der Struktur unserer Hirne, ja überhaupt im Wesen des Denkens. Mittlerweile wissen wir, daß die beiden Gehirnhälften in gewissem Maße voneinander unabhängig sind. So steuert beispielsweise motorisch die rechte Gehirnhälfte die linke Körperseite und die linke Hälfte die rechte Körperseite. Wird der Hauptnervenstrang, der die beiden Hälften verbindet, unterbrochen, so wird das, was die eine Hälfte erfährt, der anderen *nicht* mitgeteilt. So können wir buchstäblich zu jedem Thema »zweierlei Sinnes« sein!
Die potentielle Unabhängigkeit der beiden Gehirnhälften äußert sich normalerweise als Interdependenz. Der Forscher und Psychologe Robert Ornstein aus Kalifornien glaubt, die linke und rechte Gehirnhälfte sei in der Art ihres jeweiligen

Wahrnehmens und Denkens von der anderen völlig verschieden. Die linke (»solare«) Hälfte nehme Information linear und rational wahr und verarbeite sie auch so. Die rechte (»lunare«) Hälfte funktioniere in Form der Gestaltwahrnehmung und Intuition. Als Folge dieser bemerkenswerten Entdeckung vermögen die Denker des 20. Jahrhunderts die Symbolik des Mondes in Kultur und Geschichte vielleicht besser zu erkennen. Die Mythen von Sonne und Mond und die sich darin äußernde Komplementarität der beiden verlaufen parallel der biologischen Struktur des Gehirns und der Denkfunktionen. Die auffälligen Parallelen zwischen der Dualität der Kalender, der Dualität im Gehirn, der Dualität der dominanten Denk- und Wahrnehmungsformen und der Dualität der Sonnen- und Mondmythen ist erstaunlich, aber nichtsdestoweniger logisch.

Die duale Struktur des Gehirns verleiht einen Überlebensvorteil, denn die Funktionen einer geschädigten Hirnhälfte können von der anderen übernommen werden. Deswegen läßt sich durch chirurgischen Eingriff bewirken, daß die beiden Hälften unabhängig voneinander funktionieren. Nach dieser Dualität hat sich auch ein weiteres Muster herausgebildet, das für die Evolution des Lebens entscheidend war. Bewegung braucht immer ein Gegenüber. Das Gegenüber von zwei Beinen führt zum Gehen und Laufen. In diesem Sinne glaube ich, daß das Gegenüber zweier Wahrnehmungs- und Denkarten, der »lunaren« (intuitiven) und »solaren« (rationalen), für eine optimale Entwicklung von Denken und Kreativität unerläßlich ist.

Dr. Albert Rothenberg, Psychiater an der Universität Yale, hat das Konzept des »janushaften« Denkens vorgeschlagen, das der Entwicklung kreativen Denkens und kreativer Prozesse zugrunde liege. Janushaftes Denken ist die Fähigkeit des kreativen Geistes, gegensätzliche Wahrnehmungen und Konzepte gleichzeitig und konfliktlos zu unterhalten. Ein solcher Kopf vermag die scheinbare Dualität in ästhetischen Werken zusammenzuführen – in Kunst, Musik, Poesie, Wissenschaftstheorien und, natürlich, schöpferischen Lebens- und Beziehungsstilen einer Welt voller Paradoxe und Widersprüche.

In unserer Gesellschaft haben wir die lunaren Denk- und Inspirationsformen vernachlässigt, die unsere Vorfahren einst hochhielten. Indem wir den Schwerpunkt allzusehr auf den solaren Rationalismus legten, haben wir die Evolution des schöpferischen Denkens vernachlässigt.

8
Mond und Kultur

> In gewissem, völlig anderem Sinne, als sich die frühesten Astrologen ausgedacht haben, sind wir tatsächlich mit dem Universum verbunden.
>
> Carl Sagan, *Other Worlds*

Die Menschen in alter Zeit wußten, daß der Kosmos in ihnen widerhallte.

Wußten sie auch noch nichts von Magnetstürmen, Sonnenflecken und kosmischen Strahlen, und waren sie auch noch nicht in der Lage, die Gesetze der universellen Schwerkraft zu formulieren, so gingen sie doch davon aus, daß alles im Universum, einschließlich ihrer eigenen Person, in irgendeiner Weise mit allem anderen zusammenhing. In einer so ineinandergewobenen Welt waren die Sonne, der Mond und die Planeten höchst sichtbare Zeichen der Vorgänge im Kosmos – und ihre Bewegungen ließen sich vorhersagen.

Die frühen Astrologen berechneten die ersten erfolgreichen Vorhersagen der Bewegungen der Himmelskörper. Beim damaligen Zustand der Mathematik waren diese hochkomplexen Berechnungen äußerst schwierig (im Computerzeitalter verlieren wir keinen Gedanken mehr daran). Die antiken Sternkundler und die Pioniere der Astronomie mußten ein gerüttelt Maß an Geduld und Disziplin aufbringen (im 16. Jahrhundert trieb die Berechnung der Umlaufbahn des Mars einen Astronomen in den Wahnsinn). Johannes Kepler, der die Gesetze der Planetenbewegungen formulierte, brachte Jahre damit zu, die Umlaufbahn des Mars zu studieren, wobei er ganz nebenbei die Grundlagen unserer heutigen Berechnungsweise schuf.

Einstmals galt die Astrologie als angesehene Beobachtungsdisziplin. Vor zwanzig Jahrhunderten waren die Astrologen faktisch Astronomen. Sie beobachteten Himmelskörper und verbanden ihre Position mit Ereignissen auf der Erde. Inzwischen wissen wir, daß viele ihrer Berechnungen stimmten, insbesondere, was die Positionen von Erde, Mond und Sonne betrifft. Moderne Forscher im Bereich der Fruchtbarkeit und Geburtenkontrolle haben die Bedeutung der Konstellation von Erde, Mond und Sonne bei Geburt und Fortpflanzung erkannt.

Was nun die Bezugsetzung von Ereignissen zur Position anderer Planeten angeht, müssen wir uns fragen, ob deren Stellung eine meßbare Wirkung auf unser biologisches System bewirken kann. Und tatsächlich, diese Wirkung ist möglich. Stünden Venus und Mars in direkter Linie mit Sonne, Mond und Erde, dann würde sich in solchen Zeiten der Schwerkrafteffekt noch mehr summieren.

Im 6. Kapitel notierten wir, Plagemann und Gribbin seien davon ausgegangen, eine bevorstehende Linearkonstellation der Planeten werde eine so starke Schwerkraftwirkung auf die Erde ausüben, daß dadurch Erdbeben ausgelöst würden. Geht, wie zu erwarten, mit solchen Beben eine massive Verhaltenserschütterung der ganzen Bevölkerung einher, dann bestätigt das eindrucksvoll die Thesen der alten Astrologie und natürlich auch unsere eigenen Theorien. Das ist nicht etwa die Astrologie von heutzutage mit ihren komplizierten Symbolsystemen, sondern es ist wahrlich jenes Wissen vom Himmel, das die Alten mit ihren Beobachtungen suchten und wahrnahmen. Dabei müssen wir uns vor Augen halten, daß die Planeten kombiniert und in Konstellationen auf uns einwirken. Für sich allein genommen sind die meisten Planeten so weit entfernt, daß ihr Sog zu schwach ist, um das menschliche Verhalten beeinflussen zu können.

In den alten Kulturen versuchte der Mensch bewußt in Harmonie mit dem Universum zu leben. Unsere heutige Zivilisation hingegen steht unbehaglich mit der Umwelt auf Kriegsfuß. In unserer Gier, immer mehr Güter zu erzeugen, stehen wir mit der Natur in einem Kampf auf Leben und Tod.

Zu ihrer Zeit diente die Astrologie einer Vielzahl von Kulturen als beobachtende Wissenschaft und Auslegungssystem. Den Charakter interpretierten die Astrologen mit Hilfe der Tierkreiszeichen und der Stellung der Planeten. Verfügt man über ein Klassifizierungssystem, so erleichtert das die Diskussion so komplexer und variabler Themen wie etwa der menschlichen Persönlichkeit. Die Persönlichkeitsinterpretation des 20. Jahrhunderts bedient sich unterschiedlicher Aggregate von Metaphern. So mag der professionelle Psychologe das System der Freudschen Metaphern benutzen, die weitgehend der Mythologie entlehnt sind, oder den technischen Jargon der Behavioristen.

In der Vergangenheit umspannte die Praxis des Lebens im Einklang mit dem Universum nicht nur die Beobachtung des Himmels, sondern *alle* Lebensbereiche. Beispiele für eine solche Lebensweise gibt es noch heute. Die Yoga-Gesellschaft Ananda Marga schreibt Fasttage nach dem Mondkalender vor – am vierten Tag vor Voll- und Neumond. In dieser Zeit beginnt sich die Schwerkraftbelastung zu kumulieren, und die Ananda Marga glauben, das bringe das System aus dem Gleichgewicht. Mit Fasten und Meditation lasse sich das Gleichgewicht halten oder wiederherstellen. Hier haben wir eine interessante Gelegenheit für angewandte Mondkenntnis vor uns. Sollte sich in Untersuchungen erweisen, daß diese Methode der Bewältigung des kosmischen Streß funktioniert, dann könnte sie all jenen Nutzen bringen, die relativ labil sind und darum dazu neigen, von Umweltstreß nachteilig beeinflußt zu werden. (Zu weiteren Anwendungen der Mondkenntnis vgl. Kapitel 10.)

Gelegentlich sind astrologische Vorhersagen wissenschaftlich bestätigt worden. In einem mittlerweile berühmten Versuch stellte C. G. Jung fest, daß die Position von Sonne und Mond bei der Geburt von Menschen in einer signifikanten Zahl von Fällen die Sternkonjunktion bei ihrer späteren Eheschließung vorhersagten. Der französische Psychologe Michel Gauquelin fand eine Korrelation zwischen der Karrierewahl erfolgreicher Persönlichkeiten und den Planeten heraus, die zur Zeit ihrer Geburt den Himmel beherrschten. Er gelangte zu der Meinung, die genetische Struktur eines Kindes mache es wahrscheinlich, daß es bei Bestehen einer bestimmten Konstellation des Sonnensystems zur Welt komme. In seinem Buch *Die Uhren des Kosmos gehen anders* schreibt er, gewiß lebe der Fötus im Mutterschoß gut geschützt von den üblichen Zeitgebern wie etwa dem Sonnenlicht. Aber die Schwerkraft und elektromagnetischen Felder drängen in die Fötusumgebung durch. Damit beeinflusse die Planetenkonstellation die Geburtszeit. Wenn Lebewesen »gegen ›evidente‹ Zeitgeber ihrer Umwelt vollständig abgeschirmt sind, suchen sie instinktiv andere ›Führer‹, nach denen sie ihre biologischen Rhythmen ausrichten können. [. . .] Fehlen also die normalen Orientierungsmöglichkeiten, dann reagieren sie außerordentlich sensibel auf die kaum wahrnehmbaren kosmischen Zeitgeber.«

Gauquelin argumentiert, der genetische Wesenszug, der verursache, daß ein Kind in einer bestimmten planetaren Konstellation zur Welt komme, stehe in Verbindung mit den Wesenszügen, die die Talente des Kindes bestimmten. Das erkläre die auffallenden Korrelationen von Planeten und Karrieren: »Die spezifische Begabung des Kindes hängt mit der genetischen Struktur seines Organismus zusammen, und dieser genetische Faktor wird bei der Geburt durch die Stellung der Planetenuhren angezeigt – jeder soll sozusagen wissen, was die Uhr geschlagen hat. Die von uns für unsere Untersuchungen herangezogenen ›Berühmtheiten‹ waren vor der Geburt bereits genetisch programmiert, das heißt, sie haben ihre besondere Begabung eben von ihren Eltern geerbt.

Natürlich gilt das auch für jeden beliebigen Menschen. Bei jedem Menschen ist die Tatsache, daß er gerade zu *der Zeit* das Licht der Welt erblickt hat, in gewisser Weise mit seiner Konstitution und seinem Temperament verbunden.«

Die Studien von Jung und Gauquelin scheinen gewissen Aspekten der Astrologie Gültigkeit zu verleihen. Doch obwohl ein paar ernsthafte und qualifizierte Forscher moderne Forschungsmethoden auf das Astrologiestudium anwenden, ist mir in der wissenschaftlichen Literatur kaum etwas bekannt, was gültige Ergebnisse hergegeben hätte.

Ich selbst glaube nicht an die Astrologie und rede ihr nicht das Wort. Dennoch liegt ihr eine Tradition uralter Beobachtungen und Korrelierungen zugrunde. Wir müssen offen bleiben und bereit sein, uns jedes System mit heuristischem Wert näher anzusehen. Wissenschaftliche Qualifikation ist weder ein Freibrief für Blasiertheit, noch berechtigt sie zum Vorurteil.

Können wir unser wachsendes Wissen von den lunaren und kosmischen Wirkungen auf das tägliche Leben anwenden? Können wir in größerem Einklang mit den kosmischen Zyklen zu leben lernen? Einige Wissenschaftler denken schon. J. E. Davidson von den Sandia Laboratories in Albuquerque, New Mexico, hat sich näher mit Unfallmustern befaßt und ist zu einigen überraschenden Schlußfolgerungen gelangt. Er stellte fest, die Unfälle würden durch vielerlei kosmische Zyklen, ganz besonders aber von den Mondphasen beeinflußt: »Nach unseren Daten liegt während der Mondphase, in der eine Person geboren wurde, und in der bei ihrer Geburt herrschenden um 180 Grad gegenüberliegenden Mondphase möglicherweise eine erhöhte Unfallanfälligkeit (durch Fehlverhalten, Fehleinschätzung) vor.«

Derartige wissenschaftliche Nachprüfungsversuche lassen meine Idee, daß die biologischen Rhythmen einer Person zur Zeit der Geburt eingeprägt werden, glaubhafter erscheinen. Davidson entdeckte auch einen Zusammenhang von Unfällen mit Sonnenfleckenzyklen und magnetischen Schwankungen. Obwohl solche Dinge offenkundig eingehender erforscht werden sollten, stößt man damit auf ein allgegenwärtiges Vorurteil. Alles, was mit Mythen oder Legenden zu tun hat, scheint vielen Wissenschaftlern von vornherein tabu. Warum, ist eigentlich nicht mehr recht verständlich.

Besteht eine Vorstellung seit vielen Jahrhunderten in relativ unveränderter Form, ist sie gleichbleibend als Mythos oder Legende zu uns gelangt, dann sollten wir einen ernsthaften Blick darauf werfen. Wir sollten prüfen, worauf ihre Beobachtung beruht. Wir sollten versuchen, wissenschaftlich zu dokumentieren, was vor sich geht. Oft genug haben sich in der Vergangenheit Legenden als zutreffender erwiesen als die Geschichte. Schließlich wissen wir alle, daß Geschichtsschreibung immer voreingenommen ist und sich nach den Vorlieben des betreffenden Historikers richtet – und nach den historischen Kräften, die hinter ihm stehen. Das Problem der Voreingenommenheit des Betrachters ist nicht nur ein Makel der Geschichtsschreibung, sondern auch der Wissenschaft.

Dem Verständnis des Universums steht eine weitere Voreingenommenheit im Wege: die ausschließliche Berechnung der Zeit anhand der Sonne. Im Sonnenzeitvorurteil spiegelt sich eine fundamentale Unausgewogenheit unseres Zeitalters und unserer Kultur. In der alten Gesellschaft war die Ausgewogenheit zwischen Sonne und Mond ein zentrales Konzept beim Verständnis der Funktionsweisen des Kosmos, einer Kultur, einer Religion und des persönlichen Wohlbefindens. Das Sonnenprinzip stand für die rationalen, regelgerechten, verläßlichen Lebensvorgänge. Die Sonne war die Spenderin von Leben und Licht. Ihr Zyklus war einfach und präzise. Der Mond andererseits war nicht mit der Sonne synchron. Die Wirkung der Sonne auf Temperatur und Ernte lag auf der Hand, während die Wirkung des Mondes auf die Meeresgezeiten und das Hin und Her im Gang der Menschen subtil und schwer zu ermitteln war. Im Gegensatz zur konsequent strahlenden Periodizität der Sonne schien der Mond irrational. Die Sonne war das Symbol alles Vernünftigen, Regelgerechten und unmittelbar Verläßlichen.

Wie unsere Forschung bewiesen hat und alle alten Kulturen wußten, neigt der Mond dazu, das Irrationale im Menschen hervorzulocken – das unausgeglichene Verhalten, dem auch der Nüchternste von Zeit zu Zeit verfällt. Natürlich umfaßt der Bereich des Lunaren nicht einzig und ausschließlich die ungeordnete und verrückte Seite des Lebens. Die alten Kulturen schrieben dem Mond auch andere, zwar geheimnisvolle, aber nichtsdestoweniger notwendige Aspekte des Lebens wie Intuition und Kreativität zu.

Im Verlauf der abendländischen Geschichte hat sich die solare Betrachtungsweise durchgesetzt. Anstatt in einer Balance zwischen dem Rationalen und dem Intuitiven zu leben, hat die abendländische Wissenschaft beschlossen, die intuitive Seite des Lebens zu leugnen und zu unterdrücken. Geheimnisvolle Wirkungen, die sich nicht durch die Vernunft erklären ließen, gerieten eine nach der anderen als Aberglaube, Mythos und Hexerei in Verruf. Der Hexenwahn in Europa stellte sich ein, als Wissenschaft und Kirche die alten Religionen und Mythologien in den Untergrund getrieben hatten.

Die irrationalen, intuitiven und kreativen Aspekte der Persönlichkeit steigen aus dem Unbewußten auf; die Alten hielten diese »lunaren Attribute« für sozial notwendig. Als die Mythen, Legenden und die Formen der Mondanbetung im finsteren Mittelalter offiziell unterdrückt wurden, entwickelten sie sich gewissermaßen zu einem kollektiven Unbewußten, das nur noch in Phänomenen wie Massenpanik und Irrglaube zum Ausbruch neigte. Die alte Dualität von Sonne und Mond wurde neuinterpretiert als Widerstreit zwischen Gott und Satan. Was einst als kosmische Harmonie begriffen worden war, wurde in eine universelle Dissonanz verkehrt.

Diese Dissonanz zeigte sich auch in meiner Arbeit, als ich versuchte, die lunaren Einflüsse in Kategorien rationalen, linearen Denkens zu verstehen. Ein universelles und ungelöstes Problem bei der Untersuchung der Einflüsse der natürlichen Umgebung auf das menschliche Verhalten ist beispielsweise, daß Statistiken hierfür ihrem Wesen nach ungeeignet sind. Noch ist kein statistischer Test und kein mathematisches Vorgehen entwickelt worden, womit sich periodisch und unablässig schwankende Variable erfassen ließen. Statistiken sind statisch. Sie können immer nur einen Querschnitt dessen liefern, was zu einem bestimmten Zeitpunkt eintritt. Dieser Querschnitt ist bestenfalls künstlich. Die Methode paßt einfach nicht zu dem Thema.

Inzwischen besitzen wir hochakkurate wissenschaftliche Meßwerkzeuge, aber zur Behandlung bestimmter Probleme eignen sie sich wenig. Ganz augenfällig wird dies in der Psychologie, wo Tag für Tag versucht wird, das Emotionale rational zu verstehen. Derzeit versteht es die rationale Wissenschaft eher noch, das Verhalten zu manipulieren, als die Gefühle und Inspirationen zu begreifen, die für das Wohlbefinden so wichtig sind.

Die Verneinung und Unterdrückung des Irrationalen taucht freilich nicht erst in der jüngeren Geschichte auf. Zwar benutzten alte Kulturen Mondkalender und dachten oft in lunar/solar ausgewogenen Kategorien, aber schon damals lauerte die Unterdrückung. In den Mythen fast aller Kulturen wird der Mond als Göttin und die Sonne als Gott dargestellt. Der Gegensatz von Sonne und Mond ist so alt wie der Kampf der Geschlechter. Die Verehrung der Mondgöttin wurde spätestens zur Zeit der Entstehung der großen Patriarchalgesellschaften allmählich von der Bühnenmitte vertrieben. Mit der Vorherrschaft des Mannes in der Gesellschaft ging die zentrale Machtübernahme durch die Sonnen- oder Himmelsgötter in Mythos und Verehrung einher. Die Göttlichkeit der ägyptischen Pharaonen, der sumerische Militarismus, der hebräische Monotheismus und der griechische Rationalismus verdrängten die Verehrung der Mondgöttin.

In Ägypten entstand mit der Einführung der Göttlichkeit des Königs der Monotheismus und die Verehrung des Sonnengottes Re, als dessen frühe Inkarnation der Pharao galt. In dieser kulturellen Institution äußerte sich erstmals die *totale* Vorherrschaft des Patriarchalprinzips. Der Rationalismus und Militarismus hat den Einfluß der Mondgöttin in ihren verschiedenen Formen zu allen Zeiten bekämpft. Doch ihr Anziehungsvermögen war so stark, daß bis heute noch Überreste vorhanden sind.

Das Anziehungsvermögen der Mondgöttin ist leicht zu verstehen. In unserer emotionalen Struktur, in unserem Unbewußten, gibt es einfach Kräfte, die stark, geheimnisvoll, schrecklich und schön zugleich sind. Sie sind die Quellen, aus denen Kreativität, Liebe und Fruchtbarkeit sprudeln. Um diese Inspirationen rankte sich die Verehrung der Mondgöttin und goß unsere emotionale, irrationale Seite in eine sozial akzeptierte Form. Heute zahlen Leute, die mit ihren emotionalen Gegebenheiten nicht zu Rande kommen, ihrem Psychiater oft horrende Honorare. Das ist der Preis einer Welt, in der nur rationales Verhalten sozial akzeptiert ist.

Das Bedürfnis, das die Verehrung der Mondgöttin stillte, hat sie zu einem universellen Bestandteil *unserer psychischen Geschichte* werden lassen. Ihr verdanken wir die Erkenntnis eines fundamentalen Paradoxons: das Irrationale ist ein unverzichtbarer Bestandteil eines ganzheitlichen und ausgewogenen Lebens. Ohne das Intuitive und Irrationale blieben sich alle Dinge stets gleich, gäbe es keine wirkliche Veränderung. Das Universum liefe stocknüchtern ab wie ein großer, komplizierter und seelenloser Computer. Die mechanistische Sicht des Universums ist das rationalistische Denken in Vollendung.

Daß sich das lunare Wissen und die lunare Tradition gegenüber der wissenschaftlichen und historischen Voreingenommenheit dennoch behaupten konnten, ist ermutigend. Als der wissenschaftliche Rationalismus in den dreißiger Jahren fleißig dabei war, im Namen des Fortschritts die Welt total für sich zu beanspruchen und den letzten Rest des lunaren Wissens vollends vom Tisch zu wischen, schrieb Esther Harding aus Protest gegen den monolithischen Rationalismus *Woman's Mysteries*. Veröffentlicht wurde das Buch, kurz bevor die herrschenden Völker in den Zweiten Weltkrieg stolperten. Vor kurzem wurde es neu aufgelegt. Diesmal hören die Leute hoffentlich mehr darauf. Esther Harding betont, ohne die weiblichen Prinzipien von Inspiration, Intuition und Kreativität verliere unsere Gesellschaft das Gleichgewicht und ihre emotionalen Werte – und dies führe zur Unfähigkeit, Krieg und Katastrophen abzuwenden. Die Inspiration des Mondes zeige die ganze Leere der reinen Logik auf: »Unter dem Mond entstandene

Ideen«, schrieb sie, »mögen sie gleich minderwertig erscheinen, besitzen eine Kraft und zwingende Qualität, wie sie sich bei rein im Kopf gebildeten Ideen nur selten ereignen.«

Seit Menschengedenken ist der Mond das Symbol der poetischen Inspiration. Unterdrückt man indes die Macht, die sich in der sublimen Schönheit der lunaren Inspiration verbirgt, dann kann sie sehr gefährlich werden. Wendet sich der kreative Trieb des Menschen nach innen und dem Selbst zu, dann wird er verzerrt und grotesk. Die unterdrückte Kreativität rigider Rationalisten wendet sich zum Unheil und läßt sie mit logischem Starrsinn Dinge wie absolute Macht anstreben. Hardings Anliegen einer Ausgewogenheit des männlichen und weiblichen Prinzips – Sonne und Mond – steht im Einklang mit einigen Feststellungen von Jung.

Beim Versuch, die psychische Ausgewogenheit seiner Patienten wiederherzustellen, kam Jung zu der Erkenntnis, daß sowohl das männliche als auch das weibliche Prinzip fundamentale Bestandteile der Psychenstruktur sind. Die bewußte Geschlechtsidentität einer Person werde im Unbewußten durch das gegenüberliegende Prinzip ausgeglichen. Beim gesunden Menschen führt dies zum psychischen Gleichgewicht. Wenn wir den Kopf oben behalten wollten, müßten wir unser Unbewußtes und seine Talente respektvoll behandeln. Wobei Harding und Jung natürlich implizite besagen, daß die Gesellschaft als Ganzes die Balance verloren hat und Unheil heraufbeschwört.

Die historische, patriarchale Unterdrückung des lunaren Lebensmodus hat unsere soziale und individuelle Ganzheit erodiert. Gewiß hat die abendländische Wissenschaft ungeheure materielle Gewinne eingeheimst. Aber die modernen Produktionsmethoden haben den Planeten vergewaltigt und ausgeplündert und die Balance der Natur völlig außer acht gelassen. Mit logischer Gründlichkeit hat sich der Mensch den

Weg in eine gefährliche Lage gebahnt. *Die verzweifelte Lage der heutigen Gesellschaft zeigt sich am deutlichsten im Mondlicht.*
Es ist unrichtig zu sagen, der Mond *verursache* Irrsinn und Verbrechen. Völlig zutreffend aber läßt sich sagen, es sei die Unterdrückung des Einflusses des Mondes und all dessen, wofür der Mond steht, die soziale Spannungen, Disharmonie und jammernswerte, oft genug auch bizarre Ergebnisse zeitigt. Zum Killer wird der Mond für jene, die psychisch nicht ausgeglichen sind, und für eine Gesellschaft, die zu starr ist und darum den kosmischen Stößen nicht nachzugeben vermag.
Unsere Vorväter nutzten ihr lunares Wissen, um mit dem Universum in einem nicht ganz so frustrierenden Verhältnis zu leben. Dasselbe müssen, auf unsere eigene Weise, auch wir tun. Wir stehen erst am Anfang eines modernen Versuchs, lunares Wissen zu definieren und anzuwenden. Die Notwendigkeit dazu macht sich, bewußt und unbewußt, weithin bemerkbar.
Wie groß dieses Bedürfnis ist, geht aus der überwältigenden Reaktion des allgemeinen Publikums auf die Dokumentation unserer Forschungsergebnisse über Mondeinflüsse auf die menschliche Aggression hervor.[1] Ein sowohl bei Wissenschaftlern als auch beim allgemeinen Publikum vorhandener Volksglaube scheint hier wissenschaftliche Bestätigung gefunden zu haben. Allgemeine Begeisterung für die Arbeit war die Folge. Die Notwendigkeit lunarer Studien scheint in allen

[1] Schon vor der offiziellen Veröffentlichung meiner ersten Abhandlung über den Mond im Jahre 1972 erschien im *Herald* von Miami ein Artikel über die Ergebnisse meiner Forschung (die ich auf einer internationalen Wissenschaftstagung vorgetragen hatte). Associated Press griff den Artikel auf und reichte ihn an Zeitungen in aller Welt weiter. Die Öffentlichkeit reagierte sofort. Die Medien, insbesondere Funk und Fernsehen, nahmen sich eilends der Sache an. Ich erhielt massenweise Post von Wissenschaftlern und Laien aus der ganzen Welt. Offenbar hatte ich an eine verborgene Saite gerührt.

Gesellschaftsschichten erkannt zu sein. Die bewußte Reaktion auf die Erforschung lunaren Wissens geht Hand in Hand mit den überall erkennbaren Hinweisen auf den unbewußten Ausdruck dieses Bedürfnisses. Millionen Menschen konsultieren Bücher über Astrologie und die Horoskope in Zeitungen und Zeitschriften, um die Lücke in ihrem Selbstbild zu schließen. Obwohl die meisten Menschen wissen, daß sich die Horoskope nicht als zutreffend erweisen, fühlen sie sich doch sicherer, wenn sie ein »Orakel« befragt haben. Die Unfähigkeit der Gesellschaft, sich mit der intuitiven Seite der menschlichen Natur anzufreunden, hat einen riesigen Markt für kosmisches Pseudowissen entstehen lassen.

9
Die biologische Gezeiten-Theorie

In den letzten Jahren haben sich viele Forscher verschiedenster wissenschaftlicher Disziplinen mit dem Verhältnis zwischen der Sonne und dem Leben auf der Erde beschäftigt. Die Sonne erzeugt die Energie, die unseren Planeten für das Leben in seiner uns bekannten Form bewohnbar macht. Die Sonnenenergie wandert über eine Strahlung, die das gesamte elektromagnetische Spektrum umfaßt, zur Erde. Die schützende Außenatmosphäre der Erde filtert und absorbiert viele Strahlen, die dem Leben gefährlich würden. Um die Stellung des Menschen im Universum zu verstehen, war ein Verständnis der Wirkung elektromagnetischer Kräfte auf alle irdischen Phänomene Voraussetzung. In den vorangegangenen Kapiteln haben wir erfahren, daß elektromagnetische Kräfte aufs innigste mit der Evolution des Lebens, der Entwicklung der verschiedenen Arten und der Entstehung der biologischen Stoffwechselrhythmen verbunden waren, die für das Überleben aller irdischen Organismen lebenswichtig sind.
Der Mond sendet keine Strahlung aus; sein Licht ist nichts als reflektiertes Sonnenlicht. Er umkreist die Erde auf einer regelmäßigen Monatsbahn. Die Schwerkraftanziehung zwischen Mond und Erde variiert je nach der Konstellation von Mond, Sonne und Erde. Der Sog des Mondes ist dann am stärksten, wenn Mond, Sonne und Erde etwa in einer Linie stehen, wie

es bei Neu- und Vollmond der Fall ist, und er ist am schwächsten, wenn die drei Körper, wie während der Mondviertel üblich, einen rechten Winkel bilden.
Die täglichen und monatlichen lunaren Gravitationszyklen, die unsere Meeres- und Atmosphärengezeiten bewirken, spielen in den Lebensprozessen eine wesentliche Rolle. Desgleichen erzeugt der Mond mit seinem täglichen Durchgang eine regelmäßige Abweichung im Magnetfeld der Erde. Die Ausschlagstärke dieses täglichen Effekts verändert sich im Monatszyklus mit den Mondphasen.
Sonnenforscher haben bei der Messung elektromagnetischer Feldveränderungen im Verhältnis zum Sonnenfleckenzyklus stets auch lunare Rhythmen in ihren Daten entdeckt. Offenbar stehen Sonne und Mond in irgendeiner Wechselwirkung. Der Nettoeffekt dieser Wechselwirkungen ist in atmosphärischen Phänomenen, Wettervariablen, im irdischen Geomagnetismus, in Lebensprozessen und tierischem und menschlichem Verhalten gemessen worden. In meinem Bemühen um ein Verständnis der Rolle der Schwerkraft in den Lebensprozessen, und um bestimmen zu können, wie die Schwerkraft mit anderen Kräften des Universums bei der Regulierung von Evolution, Wachstum, Entwicklung und Verhalten zusammenwirkt, habe ich die biologische Gezeiten-Theorie entwickelt.
Die biologische Gezeiten-Theorie beruht auf empirischer Beobachtung meiner eigenen Forschung und der Synthese der Forschungsergebnisse von Physik, Astronomie, Meteorologie, Biologie, Umgebungsökologie und Psychologie. Sie versucht, verschiedene Beobachtungen und Spekulationen in eine Perspektive zu bringen. Eine solche Theorie muß bereits beobachtete und dokumentierte Fakten erklären können. Sie muß der weiteren Nachprüfung standhalten, und sie muß künftige Beobachtungen voraussagen. Selbst wenn sich eine

fertige Theorie bei späterer Nachprüfung als falsch erweist, hat sie doch Aufschlüsse geliefert. Wenn wir über die Welt, in der wir leben, mehr in Erfahrung bringen wollen, sind angesichts der Ungewißheit theoretische Annahmen gerechtfertigt. Wir müssen bereit sein, uns ins Unbekannte vorzuwagen.
Bevor ich meine biologische Gezeiten-Theorie näher erkläre, muß ich einiges vorausschicken. Die neun Planeten unseres Sonnensystems umkreisen die Sonne in elliptischen Bahnen. Unser Mond begleitet die Erde auf ihrer jährlichen Umlaufodyssee. Die Sonne ist nur einer von Millionen Sternen der Milchstraße. Ihr nächster Nachbarstern, Alpha Centauri, ist rund 4,3 Lichtjahre entfernt. Das Sonnensystem dreht sich in einer elliptischen Bahn etwa um die Mitte der Milchstraßenachse. Die Milchstraße ist nur eine von zahllosen Galaxien, von denen man annimmt, daß sie sich alle strahlenförmig voneinander wegbewegen; die strahlenförmige Fluchtbewegung der Galaxie wird als Folge des Urknalls angesehen. Die Urknall-Theorie besagt, das Universum sei vor etwa fünfzehn Milliarden Jahren aus der Urexplosion eines dichten Materiekerns hervorgegangen. Irgendwann, so glaubt man, würden die Galaxien ihre Bewegung nach außen einstellen und sich nach innen zu bewegen beginnen in einer gewaltigen Implosion, der dann schließlich ein weiterer Big Bang folgen werde. (Riesenteleskope haben Signale von jenseits unserer Galaxie aufgespürt, von denen man annimmt, sie seien das Restrauschen der Urexplosion.)
In diesem Gesamtrahmen befassen wir uns nun hauptsächlich mit unserem eigenen Sonnensystem. Alle Bewegungen in diesem System finden in weitgehend vorhersagbaren Zyklen statt. Die Sonne bewegt sich einmal alle 27 Tage um ihre Eigenachse. Anhand der Zahl der über Teleskop sichtbaren Sonnenflecken ließ sich messen, daß ihre Materie in einem regelmäßigen Elfjahreszyklus in Energie umgewandelt wird.

Sonnenflecken sind Zentren intensiver Magnettätigkeit. Vereinigen sich mehrere Sonnenflecken, so kann sich eine unglaublich heiße Aktivitätszone bilden, die sogenannte Sonneneruption. Diese Eruptionen schütten riesige Mengen von Röntgen- und Ultraviolettstrahlen, sichtbarem Licht und Langfrequenzfunkwellen aus. Die hochgeladenen Teilchen erreichen die Erde von der Sonne in knapp über acht Minuten. Die Langwellenfunkstrahlung kann dazu zwanzig Stunden oder auch ein paar Tage brauchen. Die Bahn dieser Partikel wird durch das Magnetfeld der Sonne abgelenkt, das sich nach unten erstreckt und mit dem Magnetfeld der Erde schneidet.

Diese Energiestrahlungen dringen durch das Magnetfeld der Erde bis zu ihrer Oberfläche durch und spielen der elektrischen Ausstattung oft übel mit; so haben sie beispielsweise die Stromversorgung ganzer Städte unterbrochen. Die ultravioletten und die Röntgenstrahlen stören die Ionenschichten der Atmosphäre und die Funksignale. Der Sonnenwind projiziert unablässig ionisierte Gaspartikel von der Sonnenkorona. Diese Partikel fallen hauptsächlich in den Polgebieten in die Erdatmosphäre ein und bewirken das »Nordlicht« (aurora borealis) und »Südlicht« (aurora australis). Der Sonnenwind ist böig und verursacht periodische Verzerrungen des Erdmagnetfeldes.

In den Zeiten der Sonneneruptionen, wenn die Sonne besonders turbulent ist, bläst der Sonnenwind mit hoher Geschwindigkeit und Energie durch den Weltraum. Während der Sonnenstürme erhöht sich die Stoffwechseltätigkeit von Mensch und Tier rund um den Globus. Verhält sich die Sonne andererseits ruhig, legt sich der Sonnenwind und wird zur »sanften Brise«.

Die Erde, die sich im Verhältnis zur Sonne einmal in 24 Stunden (Sonnentag), im Verhältnis zum Mond einmal in 24,8 Stunden (Mondtag) um ihre Achse dreht, schwebt unablässig in dieser fluktuierenden elektromagnetischen Umgebung. Der Mond, der die Erde einmal in 29,5 Tagen (dem synodischen Monat) umkreist, durchschneidet beständig den erdgerichteten Strom der elektromagnetischen Sonnenstrahlung. Er verursacht tägliche und monatliche Variationen des Erdmagnetfeldes; diese Variationen kann man als *magnetische Gezeiten* ansehen.

Die Hauptkräfte des Universums sind die nuklearen und elektromagnetischen Kräfte und die Schwerkraft. Die nuklearen Kräfte sind stark, aber nur über winzige Entfernungen wirksam. Von den elektromagnetischen Kräften sprachen wir schon. Wir leben in einer elektromagnetischen Welt. Ganz gewöhnliches Material, darunter auch das menschliche Körpergewebe, wird durch die zwischen den Atomen wirkenden elektromagnetischen Kräfte zusammengehalten. Menschliche und tierische Organismen kann man sich sehr vereinfacht als einen Wirbel elektromagnetischer Kräfte vorstellen, den lediglich die Haut von den elektromagnetischen Umgebungskräften trennt. Die Haut ist eine halbdurchlässige Membran, die elektromagnetische Kräfte *in beiden Richtungen* durchläßt und zwischen den inneren und den äußeren Magnetfeldern ein dynamisches Gleichgewicht wahrt. Die Schwerkraft schließlich ist in einer Beziehung die stärkste Universalkraft. Sie bindet die Erde an die Sonne und den Mond an die Erde. Die Stärke der Schwerkraftanziehung zwischen zwei Objekten hängt von deren Massendichte und wechselseitigen Entfernung ab. Je höher die Dichte, desto stärker die Schwerkraftanziehung; je größer die Entfernung, desto geringer die Anziehung. Bei hoher Schwerkraft ist die Nuklearkraft gering und umgekehrt. Über große Entfernungen sind die nuklearen Kräfte unwirksam. Die Schwerkraft hingegen ist auf kurze Entfernung zwar bescheiden, regiert jedoch das Raumverhältnis und die Bewegungen aller Körper im Universum.

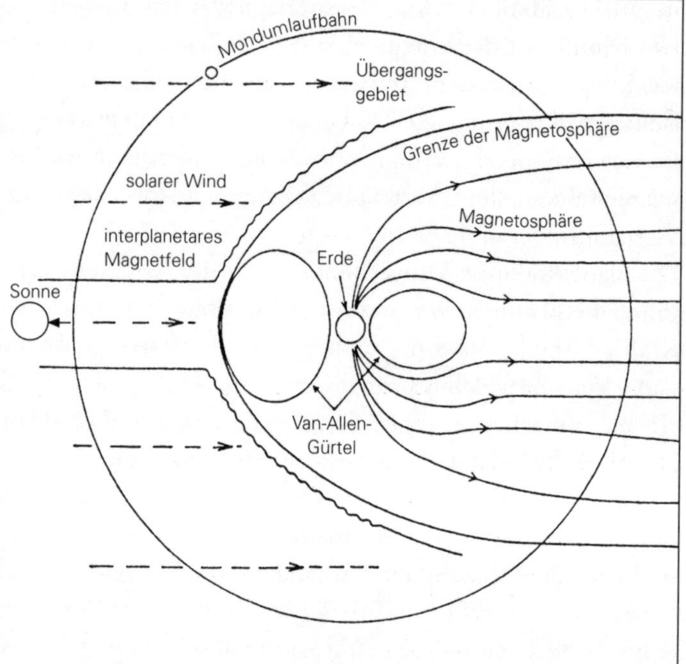

Überschneidung des Magnetfeldes der Sonne mit dem Magnetfeld der Erde

Die Schwerkraft führt die Materie der Sterne zusammen und hält sie heiß. Die Schwerkraft trägt zum Entstehen der Hitze bei, die notwendig ist, damit sich die Elemente bilden können, aus denen wir und unser Planet bestehen.

Alles Leben und alle astrophysischen Phänomene sind Erscheinungen der nuklearen und elektromagnetischen Kräfte und der Schwerkraft. Manchmal arbeiten diese Kräfte harmonisch zusammen. Manchmal kollidieren sie ungleichmäßig und erzeugen dann katastrophale Folgen.

Bevor er starb, beschäftigte sich Albert Einstein noch mit der Aufstellung einer einheitlichen Feldtheorie. Er versuchte die bekannten Kräfte des physikalischen Universums als beständig wechselwirkende Teile eines einzigen, riesigen Einheitsfeldes zu begreifen. Das bedeutete, daß man sich die bekannten Kräfte als untrennbar und in stetem Zusammenwirken befindlich vorstellen mußte. Das Konzept einer einheitlichen Feldtheorie ist hilfreich, wenn man über die Wechselwirkung der solaren und lunaren Zyklen nachdenkt, und es erleichtert das Verständnis der biologischen Gezeiten. Mit der einheitlichen Feldtheorie wird die Verbundenheit der nachstehenden Ereignisse plausibel oder gar unausweichlich:

- die atmosphärischen Gezeiten in bezug auf Phänomene wie Gesamtmenge der Niederschläge, Luftdruckschwankungen und Entstehung von Tropenstürmen und Orkanen;
- die Mond-Periodizität in den Ionen- und Elektroströmen der Ionosphäre;
- die lunaren Rhythmen im wechselnden Magnetfeld der Erde;
- das Verhältnis zwischen dem menschlichen Verhalten und den umgebenden Ionenströmen zu Zeiten heißer, trockener Winde.

Das Universum läßt sich als offenes System vorstellen, das eine Hierarchie besitzt: an der Spitze steht das Universum, am »unteren Ende« die Biosphäre und das Leben. Jedes Element und jede Kraft des offenen Systems steht in Wechselwirkung mit sämtlichen anderen Elementen und Kräften. Ereignisse in irgendeinem Teil des Systems reverberieren in allen anderen Teilen. Ereignisse in der Biosphäre wirken nicht nur auf das Leben auf Erden ein, sondern sie strahlen auch durch dieses System nach außen in andere Bereiche hinein. Sonneneruptionen verursachen Magnetstürme, die auf die Biosphäre treffen und die Lebensprozesse berühren.

Funkübertragungen, Atomversuche, vom Menschen erzeugte

Das Universum als offenes System

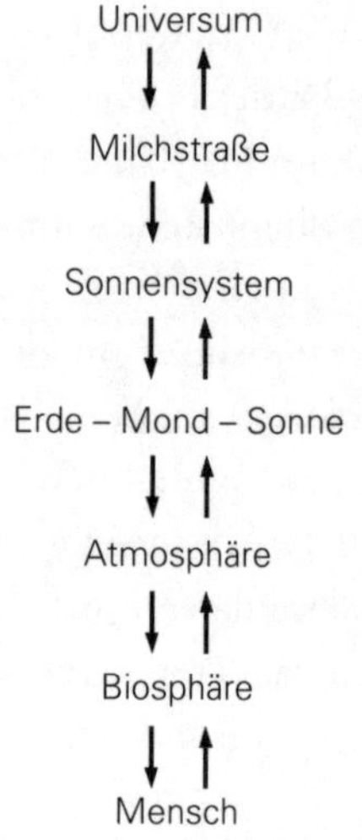

Ein Ereignis auf jeder Hierarchieebene reverberiert durch seine Feldkräfte auf allen Ebenen.

Elektroströme, ja sogar die Nutzung von Aerosolen verändern die unmittelbare Biosphäre in den oberen Schichten der Atmosphäre, vielleicht sogar das Sonne-Mond-Erde-System selbst. Wir sind untrennbarer Teil des ständig sich wandelnden Universums und müssen mit dessen Schwankungen hin- und herschwingen, wenn wir überleben wollen.

In einem früheren Kapitel habe ich schon von der Analogie des menschlichen Organismus gesprochen, der aus denselben Elementen wie die Oberfläche der Erde besteht, und zwar in vergleichbarer Proportion. Man darf also sehr wohl spekulieren, daß sich der menschliche Organismus gleich verhält wie die Erde und wie sie auf die Schwerkraft und die geoelektromagnetischen Schwankungen reagiert. Meine Hypothese von den biologischen Gezeiten besagt in ihrer einfachsten Form,

der menschliche Körper sei denselben kosmischen Einflüssen wie die Erde ausgesetzt, und die Körperprozesse ebbten und fluteten genauso mit den Gezeiten wie die Erdkruste und die Wasser und Magnetfelder der Erde.
Die Schwerkraft wirkt unmittelbar auf den Körper, gleichzeitig aber auch mittelbar über das elektromagnetische Feld. Beide Kräfte, so glauben wir, wirken hauptsächlich auf zwei Bereiche – auf das Körperwasser und auf das Nervensystem. Da der Körper zu 80 Prozent aus Wasser und zu 20 Prozent aus »Land« besteht, darf man annehmen, daß die Schwerkraft ebenso unmittelbar auf die Wassermasse des Körpers wirkt wie auf die Wassermassen des Planeten. Biologische Gezeiten fänden demnach auf vorhersagbarer Tages- und Monatsbasis statt. Zeiten übermäßiger Schwerkraftwirkung (d. h. das Zusammentreffen mehrerer kosmischer Zyklen) könnten übermäßige Körpergezeiten auslösen. Man kann davon ausgehen, daß diese Gezeiten in einem gut funktionierenden System schnell versickern und sich die Flüssigkeitsspannung auflöst.
Die über das Erdmagnetfeld mitgeteilte mittelbare Schwerkraftwirkung tritt gleichzeitig mit der unmittelbaren ein. Das Umgebungsrauschen aufgrund allerlei außerirdischer Ereignisse (zum Beispiel Sonnenflecken, Sonneneruptionen, Sonnenwind, kosmische Strahlung oder übersteigerte Schwerkraftgezeiten aufgrund spezieller planetarer Konstellationen) verursacht schwere Störungen im elektromagnetischen Umgebungsfeld, in das alle menschlichen Organismen eingetaucht sind. Eine Störung des elektromagnetischen Feldes hat einen Piccardi-Effekt auf das Körperwasser zur Folge. Die physikalischen Eigenschaften des Wassers und die Distribution der in den Körperflüssigkeiten schwimmenden Kolloide erfahren eine plötzliche und drastische Veränderung. Diese Veränderung der physikalischen Natur des Wassers im Verein mit einer veränderten Zellmembranendurchlässigkeit

(Dubrow-Effekt) veranlaßt eine andere Dynamik des Flüssigkeitsflusses zwischen den drei Wasserräumen des Körpers. Das Körperwasser verändert sich wesenhaft, und der Flüssigkeitsaustausch über die Zellmembranen gerät ins Trudeln. In solchen Fällen können Blähempfindungen und Unbehagen mehrere Tage andauern.

Der Ort, an dem die Schwerkraft den »Land«-Teil des Körpers beeinflußt, ist vermutlich das Nervensystem. Auch hier glaube ich, daß ein direkter sowie ein über das Erdmagnetfeld vermittelter indirekter Einfluß der Schwerkraft stattfindet. Was die mittelbare Wirkung anbelangt, so postuliert Robert Becker, Schwankungen und Störungen der irdischen elektromagnetischen Felder würden von Verstärkerknoten entlang der Nervenstränge aufgenommen. Diese Verstärkerknoten modulierten dann die Leitfähigkeit der Nerven. Die elektrischen Leiteigenschaften des Nervs selbst werden dabei verändert, ebenso der Schwellenwert der Neuralauslösung. Diese Einflüsse können das Nervensystem sowohl reizbarer und schneller »schußbereit« als auch weniger reizanfällig und schwerfälliger als normal machen. Welche Zustandsveränderung eintritt, kann sehr wohl vom – positiven oder negativen – Zustand der Aufnahmebereitschaft des Organismus abhängen.

Über die unmittelbare Wirkung der Schwerkraft auf die Festmasse des Menschenkörpers ist wenig bekannt. Wahrscheinlich erfolgt auch diese über die Nervenstränge. Ich vermute, daß wir im menschlichen Körper irgendwann einmal »Gravo-Rezeptoren« – »Schwerkraftempfänger« – entdecken werden. Sie könnten entlang der Nervenpfade und in den Blutgefäßwandungen liegen. Solche Schwerkraftempfänger, die den unmittelbaren Stoß der Schwerkraft aufnehmen, könnten plötzliche direkte Verschiebungen der Nerven- und Gefäßfunktionen vermitteln.

Nach Studium des vorhandenen Wissens über die Funktion

der Zirbeldrüse im Menschen lautet meine Vermutung, daß auch sie als Schwerkraftempfänger in Frage kommen könnte. Man hält die Zirbeldrüse für einen elektrochemischen Umwandler, der sowohl vom Körper als auch von der Umgebung elektrochemische Impulse entgegennehmen und in die Zirbelhormone Melatonin und Serotonin umwandeln kann. Diese Hormone wirken auf die biologischen Rhythmen des Sexual- und Fortpflanzungszyklus. Sollte die Zirbeldrüse die von innen und außen empfangene Schwerkraft- und elektromagnetische Information synthetisieren und Signale an die Blutgefäße, Nerven und Geschlechtsorgane schicken? Wenn dies der Fall ist, dann könnten diese Signale der Steuerung rhythmischer biologischer Prozesse dienen und den Organismus gegen plötzliche interne Disharmonien als Folge intensiver Umgebungsstörungen abfedern. In diesem Sinne ließe sich von der Zirbeldrüse als Umweltstoßdämpfer sprechen.

Unter Verwendung der offenen Systemtheorie und des einheitlichen Feldmodells können wir den Wirkungen biologischer Gezeiten nachspüren. Am einen Ende haben wir die mikroskopische Sicht der Innenumgebung des Körpers im Verhältnis zur Außenumgebung. Die Innenumgebung besteht im wesentlichen aus Zellbündeln, die von extrazellularem Wasser umgeben sind. In Gang gesetzt werden sie durch Nervenimpulse, die nichts anderes sind als elektrochemische Prozesse, die entlang einer Vielzahl von Nerven verlaufen – der elektrischen »Vernetzung« des Körpers. Wie nun jeder Nervenimpuls seiner Nervenfaser entlangwandert, entsteht rund um die Faser ein kleines elektromagnetisches Feld. Bei Erreichen des Nervenfaserendes löst der elektrische Impuls die Freigabe von Chemikalien aus, die man »Überträgersubstanzen« (Neurotransmitter) nennt. Diese chemischen Substanzen tragen den Nervenimpuls entweder an eine andere Nervenfaser oder eine Zielzelle weiter – einen Muskel, eine Drüse, ein Blutgefäß usw. Diese Überträgersubstanzen (Dopamin, Acetylcholin, Serotonin, Noradrenalin, gamma-aminobutyrische Säure) wirken auf die Zielzellen entweder erregend oder hemmend.

Werfen wir einen Blick auf das andere Ende unseres kosmobiologischen Systems. Die kosmischen Kräfte spielen in rhythmischer Weise unablässig auf der Erde. Von der Sonne oder anderen galaktischen Quellen ausgehende Störungen bewirken eine massive Störung dieser rhythmischen Funktionen. Man nennt diese Störungen »Rauschen«. Sie schlagen auf der Ionosphäre ein – der äußeren Schutzschicht der Erdatmosphäre. Veränderungen des Ionen- und elektromagnetischen Gleichgewichts der Ionosphäre durch kosmische Quellen werden über die Atmosphäre in die tieferliegenden Schichten übertragen. Schließlich stören sie das elektromagnetische Gleichgewicht der Atmosphäre auf Bodenhöhe.

Rauschen kann von mehreren Quellen ausgehen. Es gibt elektromagnetisches Rauschen und Schwerkraftrauschen; beide stehen in Wechselwirkung und hallen im jeweils anderen nach. Nach der einheitlichen Feldtheorie resonieren und wechselwirken sämtliche Kräfte miteinander.

Nehmen wir einmal ein Zusammentreffen kosmischer Zyklen an – daß beispielsweise Vollmond mit der Erdnähe des Mondes und einer Mondfinsternis zusammentrifft. Sonne, Mond und Erde stehen dann auf einer geometrischen Ebene. In einem solchen Zeitpunkt übersteigt die auf die Erde wirkende Schwerkraft erheblich die übliche Tagesschwerkraft. Zudem wird das Magnetfeld der Erde von den Magnetfeldern der Sonne und des Mondes, mit denen die Erde in einer Linie steht, beträchtlich verzerrt. Das daraus resultierende elektromagnetische Rauschen trifft auf unsere Atmosphäre und wirbelt die Ionen- und Elektromagnetströme wild durcheinander. Diese Kräfte greifen nun in die Biosphäre über. Urplötzlich wird der menschliche Organismus mit massiven Störungen der Schwerkraft und des umgebenden elektromagnetischen Feldes bombardiert. Die Störung verändert das Gleichgewicht zwischen unserer Innen- und Außenwelt dramatisch.

Diese plötzliche Veränderung belastet unsere inneren Systeme. Wie bereits gesagt, kann das Nervensystem reizbar werden, womit sich der Schwellenwert der Nervenauslösung verändert. In verschiedenen Körperteilen kommt es zu Wasserstau oder -mangel.

Gesunde und emotional stabile Menschen ertragen zusätzlichen Streß mit nur geringem körperlichem oder seelischem Unbehagen. Selbst bei einer gewaltigen Störung durch stärkstes Rauschen stellen sie schnell ein neues Gleichgewicht her. Das flüchtige Unbehagen geht vorbei. Solches Umgebungsrauschen mag bei Ihnen, lieber Leser, gelegentlich das Gefühl auslösen, es habe im Augenblick sowieso keinen Wert, eine Arbeit zu Ende zu führen oder sich mit jemandem auseinanderzusetzen. Solcherlei vorübergehende Frustrationen sind ein Beispiel dafür, was bei einer Verlagerung der kosmischen Kräfte eintreten kann. Bei verstärktem kosmischem Streß treten bei vielen auch leichtes Kopfweh, vorübergehende Depression, Lustlosigkeit und Schlaflosigkeit auf. Wenn Sie also denken, »das ist heute einfach nicht mein Tag«, dann kann der Ursprung dafür manchmal außerirdisch sein.

Menschen mit labiler Persönlichkeit und Stimmungsstörungen oder solche, die ohnehin schon unter beträchtlichem körperlichem oder emotionalem Streß stehen, können in Zeiten übermäßiger kosmischer Belastung größere Rückschläge hinnehmen. Neigen sie zur Gewalttätigkeit, kann sich unbeherrschtes Verhalten einstellen. Viele Aspekte der biologischen Gezeiten-Theorie sind von anderen Forschern dokumentiert worden. F. G. Sulman aus Israel hat nachgewiesen, daß der Anstieg körperlicher und seelischer Krankheiten zur Zeit des schirokkoähnlichen »Sharav«, der dort zweimal im Jahr herrscht, die Folge einer übermäßigen Konzentration positiver Ionen auf Erdebene ist. Diese Konzentration verstärkt die Serotoninproduktion im zentralen Nervensystem. Die daraus resultierende Erhöhung des Blutdrucks aufgrund der Verengung der kleineren Blutgefäße beeinflußt den Flüssigkeitsaustausch zwischen den Körperräumen. Das Serotonin spielt also bei der Funktionsweise der biologischen »Flut« im Körper insoweit eine Rolle, als es den Druck in einem Flüssigkeitsraum beeinflußt.

Es gibt noch eine andere faszinierende »Serotonin-Connection«. Der Biologe Harry Rounds hat den Mondrhythmus pulsschlagerhöhender Substanzen im Blut von Kakerlaken, Mäusen und Menschen analysiert. Nach seiner Vermutung gehört Serotonin zu den pulstreibenden Substanzen im Blut, die dem Mondrhythmus folgen. Wenn sich diese Vermutung bestätigt, könnte das Vorhandensein erheblicher Serotoninmengen im Blut unmittelbar nach Neu- und Vollmond weitgehend das Flüssigkeitsungleichgewicht und die nervöse Reizbarkeit im Zusammenhang mit dem biologischen Flut-Syndrom erklären. Es wäre nicht überraschend, wenn die Erforschung der anderen Übertragungssubstanzen letztlich ebenfalls eine Mond-Periodizität ergäbe.

Weitere Stützbeweise für die biologischen Gezeiten liefern die übermäßigen Blutungstendenzen bei Menschen um Neu- und Vollmond, von denen Andrews, Rhyne und andere unabhängig voneinander berichten.

Ich glaube, daß wir eines Tages in der Lage sein werden, die Wirkungen der elektromagnetischen Kräfte auf *spezifische* Körperprozesse nachzuweisen. Dr. Dubrow hat den Einfluß elektromagnetischer Felder auf die Durchlässigkeit der Zellmembranen untersucht – auch dies ein Mechanismus, der wahrscheinlich beim biologischen Flut-Syndrom mitwirkt. Dr. Becker ist der Meinung, Verschiebungen in den elektromagnetischen Feldern wirkten unmittelbar auf das Nervensystem. Diese Auffassung wird von der Arbeit anderer Forscher gestützt, insbesondere von Presman, Lang, Persinger und den beiden Ossenkopps.

Ende 1977 berichteten Dr. L. E. M. Miles und seine Kollegen von der medizinischen Fakultät der Stanley University über ihre Untersuchung der biologischen Rhythmen eines psychologisch normalen Achtundzwanzigjährigen, der von Geburt an blind war.

Dieser Mann, der in einer sehenden Gesellschaft lebte und arbeitete, litt zyklisch an Schlaf-Wach-Störungen. Mehrere Jahre lang hinderte ihn jeweils zwei bis drei Wochen lang nächtliche Schlaflosigkeit und übermäßige Schläfrigkeit bei Tag an vernünftiger Arbeit und Freizeitgestaltung.

Die Überwachung der Hirnstromaktivität des Patienten im Schlaflabor und eine Auswertungszeitreihe seiner Hormone und Körperchemie förderte etwas Aufregendes zutage. Isolierte man den Patienten von allen Anhaltspunkten für den Sonnenstand oder die Kalenderzeit, so zeigten alle an ihm gemessenen biologischen Funktionen einen Mondtag-Rhythmus (24,9 Stunden) an. Die zirkadiane (physiologische) Rhythmik von Körpertemperatur, Munterkeitsverhalten, Leistung, Hydrokortisonausschüttung und elektrolytischem Harnlassen betrug bei ihm nicht 24 Stunden, sondern wies eine beständige Periodizität von rund 24,85 Stunden auf. Unter den genannten Laborbedingungen wurde sein Schlafverhalten normal und pendelte sich bei 24,9 Stunden ein. Bemerkenswerterweise fiel der Schlafbeginn immer mit einer Ebbe vor Ort zusammen.

Wenn eine von *allen* Sonnenzeit-Anhaltspunkten abgeschirmte Person einen lunaren Modus der biologischen Funktionen annimmt, so ist das ein weiterer Beweis dafür, daß die physiologische Rhythmik des Menschen ein Mischgebilde ist, in dem sich die Nettowirkung sowohl solar als auch lunar getakteter Rhythmen niederschlägt – und das bestätigt das biologische Gezeitenkonzept.

Mittlerweile dürfte klar geworden sein, daß der Mensch seit jeher unablässig mit dem Universum in Wechselwirkung steht und sich mit ihm entwickelt, und daß wir um so mehr Zusammenhänge entdecken, je näher wir uns diese Verbindung ansehen. Unsere Studien und viele andere, die in den letzten Jahren veröffentlicht worden sind, stützen das Konzept, daß der Mensch in einem dynamischen Gleichgewicht mit dem Universum steht. Das stellt sich als vollkommen vernünftige Sicht der Natur des Menschen im Verhältnis zum physikalischen Universum dar. Dieses einheitliche Konzept steht völlig im Einklang mit den Auffassungen großer Gelehrter und Philosophen über die Jahrhunderte – insbesondere mit Einsteins einheitlicher Feldtheorie, Darwins Evolutionstheorie und Ludwig von Bertalanffys offener Systemtheorie.

Forscher auf verschiedenen Gebieten, die den Versuch unternehmen, die biologischen Reaktionen von Mensch und Tier mit Umgebungsveränderungen zu verbinden, benutzen bei ihrer Arbeit eine Reihe unterschiedlicher Begriffe; dazu gehören unter anderem: medizinische Klimatologie, Biometeorologie, Chronobiologie, Meteorpsychiatrie, Ökobiologie und Biomagnetismus. Jeder der so angesprochenen Bereiche ist etwas eng umgrenzt und betrachtet nur bestimmte Aspekte des Gesamtbildes. Da ein so beträchtlicher Teil der diesbezüglichen Forschung erst in den letzten Jahrzehnten vorgenommen wurde und sie zudem in vielen Ländern und Sprachen vor sich ging und dokumentiert wurde, gab es bisher noch keine Synthese, die eine Gesamtperspektive ergeben hätte.

Was ich hier versuche, könnte eine erste Synthese einer Gesamtperspektive der Kosmobiologie sein.
Der Begriff Kosmobiologie wurde von W. F. Petersen in den vierziger Jahren benutzt. Geprägt wurde er vielleicht schon viel früher. Meiner Meinung nach klingt in »Kosmobiologie« recht hübsch die Interdisziplinarität des Interesses am Verhältnis des Menschen zur natürlichen geophysikalischen Umgebung und zum Kosmos im allgemeinen an.
Damit eine Theorie glaubhaft ist, muß sie alle einschlägigen beobachteten Phänomene belegen und erklären. Wir haben gesagt, die geographische Breite und Länge spiele bei der Zeittaktung der biologischen Zyklen eine Rolle. Das ging beispielsweise aus den zeitverzögerten Spitzenwerten in der Untersuchung der Tötungsdelikte in Cleveland hervor. Auch die Erforschung der Wachstums- und Bewegungszyklen animalischer Populationen legte Breitengradverzögerungen frei. Leonard Wing, der sich schon früh mit Rhythmen befaßte, nannte dieses Phänomen die »Latitudinal-Passage«, die in einer Vielzahl natürlicher Kreisläufe auftrete. Andere Forscher gelangten ebenfalls zur Erkenntnis einer Phasenverschiebung, vor allem beim Vogelzug aus nördlichen Breiten zum Äquator bei Herannahen des Winters und in umgekehrter Richtung im Sommer.
Eine präzise Einzeldarstellung der Wirkung des geographischen Orts auf die Zeittaktung lunarer Verhaltensrhythmen setzt umfangreiche weitere Forschungen voraus. Ideal wäre es, wenn jedes bestimmte Verhalten in verschiedenen Städten untersucht würde, die auf gleicher geographischer Breite, aber in unterschiedlicher geographischer Länge liegen, desgleichen umgekehrt (gleiche Länge/unterschiedliche Breite). Die Unwägbarkeiten der amtlichen Datenkollektion von Ort zu Ort schließen ein solches Vorgehen praktisch aus. Eine weitere Vorgehensmethode wären Tieruntersuchungen an ver-

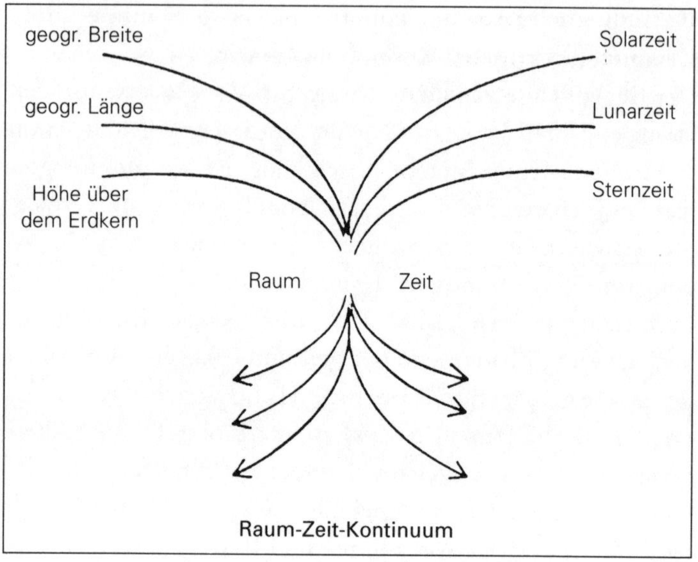

schiedenen Orten. Dabei bedürfte es einer internationalen Anstrengung. Wir hoffen sehr, daß die biologische Gezeiten-Theorie in Versuchen an verschiedenen Orten nachgeprüft werden wird.

Einstein sah Zeit und Raum als ein und dasselbe Kontinuum. Für uns hat der Raum drei Dimensionen: Breite, Länge und Höhe über der Erdmitte. Die Zeit ist ebenfalls mehrdimensional. Für unsere Zwecke können wir davon ausgehen, daß die Sonnenzeit, die Mondzeit und die siderische Zeit allgegenwärtig sind und in ständiger Wechselwirkung zueinander stehen.

Das elektromagnetische Feld auf Erdebene schwankt unablässig und verändert sich je nach Raum und Zeit. Im Erdmagnetismus oder überhaupt in der Natur ist nichts konstant. Das erklärt, warum Studien, die an unterschiedlichen geographischen Orten vorgenommen werden, auch unterschiedliche Ergebnisse zeitigen – und warum Studien am selben Ort, aber zu anderer Zeit, ebenfalls anderes ergeben.

Die biologische Zeit ist relativ. Sie spiegelt die Nettowechselwirkung aller Umgebungsvariablen wider, die ein Organismus in seiner einmaligen Gegebenheit in Raum und Zeit erfährt.

10
Die Anwendung lunaren Wissens

Wie sollte die Gesellschaft ihr Wissen um die Macht des Mondes anwenden? Nach meiner Erfahrung beeinträchtigen kosmische Einflüsse wie Mondphasen oder Sonnenflecken stabile und ausgewogene Menschen nur geringfügig. Wären sie sich stets und unablässig kosmischer Einflüsse bewußt und auf sie gefaßt, dann könnte das sogar nachteilig wirken. Es würde eine unnötige Ablenkung verursachen. Aber gibt es bestimmte Leute, die tatsächlich den Mond regelmäßig in ihr Kalkül aufnehmen sollten? In jeder Stadt gibt es viele Menschen, die sich am Rande der Wirklichkeit bewegen – zum Beispiel Alkoholiker, Drogenabhängige, zu Gewalt oder Unfällen Neigende oder kriminell Veranlagte. Diese Personen weisen oft breite Stimmungsumschwünge, eine miserable Impuls- und schwierige Gefühlskontrolle auf. Sie neigen unablässig zu labilen Emotionszuständen. Bei solchen Menschen könnte jede Belastung, die über das hinausgeht, was sie tagtäglich zu bewältigen haben, das Faß zum Überlaufen bringen.
Wird das Muster der unmerklichen Umgebungskräfte plötzlich gestört, dann kann es zu dramatischen Verhaltens- und Emotionsveränderungen kommen. Angesichts dieser Möglichkeit wäre es ratsam, wenn sich Ärzte, Soziologen, Polizei, Feuerwehr und Krankenhauspersonal das auslösende Potential kosmischer Belastungen vor Augen hielten. Dabei sollten wir

bedenken, daß eine große Vielfalt natürlicher Umgebungsbelastungen – Schwerkraft, elektromagnetische, atmosphärische Kräfte usw. – als auslösendes Moment in Frage kommen.
Auf wenig ausgeglichene Menschen wirken diese nicht anders als auf Sie und mich. *Keiner kann sich der alles durchdringenden geophysikalischen Umgebung entziehen.* Stets waten wir in ihren elektrischen, magnetischen und ionischen Feldern. Ständig werden wir von Strahlen bombardiert. Die meisten von uns besitzen eine vernünftige Streßtoleranz und können mit der minimalen Streßzunahme aus Außenumgebungsveränderungen fertigwerden. Was Personen mit schwacher Impulskontrolle und niedriger Streßtoleranz durchmachen, können wir uns leichter veranschaulichen, wenn wir uns vorstellen, sie bewegten sich auf einem gespannten Seil. Steht jemand mit beiden Füßen fest auf der Erde und schubst man ihn, dann besteht eine gute Chance, daß er nicht gleich fällt. Stellen wir dieselbe Person jedoch auf ein Seil und schubsen ihn dann, wird er große Schwierigkeiten haben, Balance zu halten, denn er ist kein erfahrener Seiltänzer. Schon ein Ruf oder Schrei, ja ein Luftzug, kann ihn abstürzen lassen. Kurzum: Wenn die Balance prekär ist, bedarf es gar keiner großen Störung.
Der Weg in einen Zustand mentaler und emotionaler Unausgeglichenheit kennt viele Routen. Bei den einen mögen traumatische Erlebnisse in der frühen Kindheit oder in der Familie ein prekäres Persönlichkeitsbild bewirkt haben. Vielleicht besitzen sie gar keine grundsätzliche biologische oder chemische Unordnung, sondern sind nur so konditioniert, daß ihre Persönlichkeit nicht in sich ruht. Andererseits ist bekannt, daß es genetisch bedingte biochemische Unterschiede gibt, die manche Menschen für eine emotionale Labilität prädisponieren.
Schizophrenie und manische Depression beispielsweise sind vererbbar. Manisch Depressive sind von der Erbanlage her für

starke Stimmungsausschläge anfällig. Zum Teil verhalten sie sich äußerst bizarr. Wann genau ein manisch Depressiver »auszubrechen« droht, ist noch umstritten. Neuere Forschungsergebnisse deuten darauf hin, daß ein Teil von ihnen bei Neu- und Vollmond zum Ausbrechen neigen.

Schizophrene und Grenzpersönlichkeiten – solche also, die unter Streß psychotisch zu werden drohen – sind bekanntlich erbanlagemäßig dafür prädisponiert. Die psychiatrische Forschung hat mit der Untersuchung dieser genetischen Mängel begonnen, will sie genauer eingrenzen und die im betreffenden Nervensystem herrschenden biochemischen Abnormalitäten nachweisen. Was bringt diese Personen zum Absturz? Fast alles, womit Streß einhergeht. Das kann ein Familienstreit sein, die Trennung von einem geliebten Menschen oder der Arbeitsplatzverlust. Jeglicher Streß – auch kosmischer.

Wir haben bislang nur eine Kategorie von Streß untersucht. Rein praktisch gesehen kann uns kosmischer Streß den Vorteil bieten, vorhersagbar zu sein. Es ist denkbar, daß Mittel und Wege gefunden werden, die Wirkungen kosmischer Zyklen vorherzusagen und ihnen entgegenzutreten.

Wir besitzen Chemikalien und Medikationen, die eine Streßüberlastung verhindern können. Es gibt eine Vielfalt von Beruhigungsmitteln, die die Reizbarkeitsschwelle und damit die Reaktion auf Streß verändern. Es gibt starke harntreibende Mittel zur Behandlung übergroßer Körperflüssigkeit, mit denen sich die Gewebespannung senken und ein mehr oder weniger normales Flüssigkeitsgleichgewicht im Körper erzielen läßt. Der Einsatz des stimmungsstabilisierenden Lithiumcarbonats bei der Behandlung manisch Depressiver hat ihr Leben drastisch verbessert. Gemeinhin nimmt man an, Lithiumcarbonat wirke auf die postsynaptischen Nervenzellmembranen. Kommt es durch eine manische Episode zu überstarker Nervenauslösung, dann modifiziert Lithiumcarbonat den

Auslösemechanismus und stabilisiert die Stimmung und das Körperwasser. Wir besitzen Werkzeuge und Methoden zur Behandlung biochemischer Ungleichgewichte, die uns gegen aberrantes Verhalten wappnen können.

In meiner Praxis verkehren mehrere manisch Depressive, die lithiumstabilisiert sind. Gewöhnlich geht es ihnen gut und sie sind symptomfrei. Gelegentlich kommen viele *gleichzeitig* und berichten allesamt von den gleichen Symptomen – Unruhe, Depression, Schlaflosigkeit, schnellem Puls und dem Gefühl, »von der Rolle zu sein«. Ich ordne dann eine Blutuntersuchung an, und jedesmal stellt sich heraus, daß der Lithiumgehalt des Blutes unter dem therapeutisch zulässigen liegt. Dank einer zeitweiligen Erhöhung der Dosis gehen die Symptome zurück. Ein paar Tage später kann der betreffende Patient wieder zu seiner vorigen Tagesdosis zurückkehren, ohne sofortige Symptome befürchten zu müssen. Ich bin sicher, daß der einzige Grund für dieses laufend beobachtete Phänomen darin liegt, daß diese Patienten en masse auf eine atmosphärische Störung reagieren. Sie kann mit dem Mond zu tun haben, aber auch eine plötzliche Zunahme der Sonnenfleckenaktivität oder ein kosmischer Strahlenschauer können plötzliche Stoffwechselungleichgewichte herbeiführen.

Die Patienten akzeptieren bereitwillig meine Erklärung. Sie empfinden es tröstlich, daß nicht das Lithium versagt hat. Dennoch muß man die Behandlung von Zeit zu Zeit wechseln, um plötzlichen Ungleichgewichten in der geomagnetischen Umgebung entgegenzutreten, auf die manisch Depressive höchst empfindsam reagieren.

Nun stehen wir vor einer dornenvollen philosophischen Frage. Wie läßt sich eine Präventivanwendung dieser Methoden rechtfertigen? Man untersuche die Verbrechensrate jeder Stadt! Es gibt da ganze Ghettos von Armen, eng zusammengedrängt Wohnenden und Zornigen. Ein Revolver ist schnell

beschafft. Gewalt ist eine regelmäßige und periodische Erscheinung. Aber sollten wir nun jedermann medikamentös behandeln? Sollten wir die zu Gewalt neigenden Personen anhand des polizeilichen Führungszeugnisses herausgreifen und zwingen, in Zeiten der Schwerkraft- oder geomagnetischen Belastung gegen ihren Willen Pillen einzunehmen?
Eine solche »Lösung« könnte leicht mehr Gewalt auslösen, als sie verhindert. Solche »Lösungen« riechen nach Hitlerismus. Sie erinnern verflixt an die erschreckende Geschichte totalitären Verhaltens, die Anthony Burgess in *A Clockwork Orange* beschrieben hat.
Es gibt viele, die meinen, jeder »asoziale Charakter« müsse zwangsweise und gegen seinen Willen der Verhaltenssteuerung unterworfen werden. Ebenso gibt es viele, die glauben, daß wir kein Recht haben, das Verhalten irgendeines Menschen zu steuern. Die Wahrheit lautet, daß die Gesellschaft *nicht* das Recht hat, das Verhalten gegen den Willen des einzelnen zu beeinflussen – und dessen sollte sich jedermann bewußt sein!
Oft steckt als Motiv hinter dem Vorschlag, sogenannte Asoziale medikamentös zu behandeln, mehr Rachegefühl als Vernunft. Die Tatsache lautet, daß die große Mehrheit derer, die einen Mord begehen, *keine* bekannten Gewohnheitsverbrecher sind! Die meisten haben ein blütenweißes Polizeiregister. Sie haben nie ein Verbrechen begangen. Zum Rückfall neigende Gewohnheitsverbrecher bilden unter den Mördern nur ein kleines Kontingent. Die bei weitem häufigste Quelle krimineller Gewalt gegen Leib und Leben sind häusliche Konflikte zwischen Familienmitgliedern oder Freunden, vor allem, wenn Alkohol oder Drogen im Spiel sind. Wir können nicht im voraus sagen, wen heute abend die Mordlust überkommt.
Zum Glück gibt es zwei Möglichkeiten, wie wir unsere

Kenntnis der kosmischen Belastung und ihrer Wirkungen vernünftig einsetzen können. Legt der Patient eines Psychiaters oder Psychologen periodische Ausbrüche manischen Verhaltens an den Tag, ist aber ansonsten relativ normal, dann können wir das anwenden, was wir über die Auslösung solchen Verhaltens gelernt haben. Ein solches Verhaltensmuster hielt man ursprünglich für Mondsüchtigkeit oder Mondirrsinn. Im Englischen nennt man es »lunacy«[1].

Dieses Wort ist vom lateinischen »lunaticus« abgeleitet. Die Ärzte und Philosophen im alten Rom benutzten häufig diesen Begriff. Höchstwahrscheinlich wurde er als erstes auf Epileptiker angewandt, bei denen man beobachtet hatte, daß sich ihre Anfälle um Neu- und Vollmond herum häuften. Danach wendete man »lunacy« ganz generell auf Personen an, bei denen in lange luzide Zeiten normalen Verhaltens immer wieder manische Perioden eingestreut waren.

Als Korrelat zu dieser alten Vorstellung von »lunacy« haben wir das bekannte Syndrom der zirkularen manisch-depressiven Erkrankung. Sie ist von periodisch wiederkehrenden Episoden wilden, bizarren, hyperreizbaren und irrationalen Verhaltens gekennzeichnet. Dazwischen funktionieren die meisten manisch Depressiven ganz normal und produktiv. Sie lassen keinerlei Anzeichen einer Denkstörung oder Psychose oder einer sonstigen schweren geistigen Krankheit erkennen.

In diversen Studien, von denen die von Michael H. Stone 1976 in *Psychiatric Annals* veröffentlichte am nennenswerte-

[1] Die englische Bezeichnung »lunacy« ist an sich ganz generell mit »Irrsinn« zu übersetzen. Auch der »lunatic« ist ganz allgemein der Geistesgestörte. In beiden englischen Begriffen klingt jedoch deutlich der Bezug auf den Mond an. Aus diesem Grunde wurde im vorliegenden Zusammenhang »lunacy« meist mit »Mond«-Irrsinn oder dergleichen, an einigen Stellen, wo sich dieses anbot, auch einfach mit »Mondsucht« übersetzt (dies auch der veraltete Begriffsinhalt von »lunacy«). (Anm. d. Übers.)

sten ist, wurde aufgezeigt, daß die Häufigkeit vieler manischer Episoden bei Neu- und Vollmond zuzunehmen tendiert. Die Entwicklung einer wirksamen Behandlungsmethode für manisch depressive Zustände unter Verwendung von Lithium hat einen tieferen Einblick in die neurochemischen Mechanismen dieser Störung erlaubt. Wie erwähnt, stabilisiert Lithium den Auslösemechanismus der Nervenzellen, das Gleichgewicht des Körperwassers sowie die Stimmung. Seine Wirkungsweise steht im Einklang mit der Vermutung, daß manische Episoden einer extremen biologischen Flut im Körper entsprechen. Die Korrekturmöglichkeit durch Lithium deutet darauf hin, daß eine gefährliche biologische Flut behandelt werden kann, indem man der Körperflüssigkeit eine einfache Chemikalie beimengt.

Unser Wissen vom kosmischen Streß ließe sich auch auf breiterer sozialer Basis konstruktiv nutzen. Wenn wir eine Zeit genereller Verhaltenserschütterung in einem bestimmten Gebiet voraussagen können, dann sollte es uns auch gelingen, sinnvolle antizipatorische Programme aufzustellen. In meiner Vorhersagepilotstudie hatte ich anhand des Zusammentreffens kosmischer Zyklen eine Zeit allgemeiner Erschütterung vorhergesagt. Tatsächlich stiegen die Meldungen von Sterbefällen, Unfällen und geistigen Störungen zu der Zeit signifikant an.

Die zu treffenden Maßnahmen sind einfach und vernünftig. Die Öffentlichkeit könnte über die Medien informiert werden, daß mit einer Zunahme der Reizbarkeit und Ablenkung zu rechnen ist, die zu Unfällen und Auseinandersetzungen führen könne. Polizei, Feuerwehr und Ambulanzdienste können in Alarmbereitschaft versetzt werden, so daß sie in Gefahrenzeiten schnell verfügbar sind. Die Notaufnahmen in den Krankenhäusern könnten personell entsprechend verstärkt werden.

Nun mag man einwenden, solche Alarme und Warnungen könnten eine gewisse Panik verursachen. Nach meiner Einschätzung ist das unwahrscheinlich. Wie bereits betont, sind sich Polizei, Feuerwehr und Notaufnahmepersonal zum größten Teil ohnehin schon des Einflusses des Mondes auf Krankheit, Unfälle und Verhalten bewußt. Die wissenschaftliche Bestätigung dieser Wirkung würde lediglich der gemachten Erfahrung zusätzliche Gültigkeit verleihen. Die Betroffenen wären ursachenbewußter, vor allem, wenn beispielsweise Krankenhausleitungen es für angebracht hielten, zu solchen Zeiten das Notaufnahmepersonal zu verstärken. Es gilt jedoch, die kosmischen Auslösungsmomente in die richtige Perspektive zu rücken. Die meisten Gewalttaten haben nichts mit dem Mond oder anderen kosmischen Einflüssen zu tun. Der »Killer«-Mond verursacht nur einen kleinen Teil davon.

Stellt man sich das Gewaltverhalten als großen Apfelkuchen vor und will wissen, wie groß das auf Mondeinfluß zurückzuführende Stück ist, dann würde ich sagen, höchstens 1 bis 2 Prozent. Doch bei Zugrundelegung der Gesamtweltbevölkerung addiert sich dieser Prozentsatz zu einer *signifikanten* Absolutzahl. Wenn etwas, das wir in Erfahrung gebracht haben, die Höhe der Gewalttaten senken kann, dann haben wir einen erklecklichen Fortschritt erzielt.

In unserer Forschung in Miami haben wir uns bemüht, eine unabhängige Variable zu entdecken, die das Gewaltverhalten beeinflußt. Das sollte uns dazu führen, daß wir erstens vorgewarnt sind und zweitens – anhand der biologischen Gezeiten-Theorie – Behandlungsmöglichkeiten erkunden, die das »biogezeitliche« Gleichgewicht wiederherstellen.

Bei der Anwendung unseres Lunarwissens sollten wir daran denken, einen Kalender zu benutzen, der neben der Sonnenzeit auch die Mondzeit enthält. Dann könnten wir lunare und solare Periodizitäten erkennen, vor allem, wenn beide zusammenfallen. Alte Kulturen haben Mondkalender benutzt; die Israelis, Chinesen, Hindus und Moslems tun es noch heute. Interessanterweise gibt es in diesen Gesellschaften viel weniger Gewaltverbrechen.

Ein einfach zu handhabender Mond-Sonne-Kalender ließe sich mit dem Computer erstellen. Dann wüßten wir im Voraus, an welchen Tagen wir mit Perioden der Reizbarkeit, des gestörten oder erratischen Verhaltens und der Unfallanfälligkeit zu rechnen haben. Die Nützlichkeit eines solchen Kalenders liegt auf der Hand, denn dann könnten Menschen verschiedenster Herkunft und Fertigkeit auf einfache Weise Zeiten emotionaler Störungsanfälligkeit bestimmen. Wie gesagt, der Kalender sollte *sowohl* die Sonnen- *als auch* die Mondzeit anzeigen, denn nur ihre Kombination wird die ganze Perspektive ergeben, was auf kosmischer Skala geschieht.[2] Wir sollten uns stets vor Augen halten, daß sich »lunare Periodizität« nicht nur auf Ereignisse bezieht, die um Neu- und Vollmond eintreten. Meine Forschung hat ergeben, daß keineswegs alle gewaltsamen menschlichen Verhaltensweisen bei Neu- oder Vollmond Spitzenwerte aufwiesen. Tatsächlich war letzteres nur bei Tötungsdelikten und schwerer Körperverletzung der Fall. Bei der Einlieferung in die psychiatrische Notaufnahme hingegen lag die Spitzenhäufigkeit im ersten Mondviertel und ging bei Neu- und Vollmond signifikant zurück.

Desgleichen variiert die lunar-getaktete Häufigkeitsspitze gewisser Verhaltensweisen auch je nach geographischer Lage. In Cleveland liegt diese Spitze bei Tötungsdelikten rund drei

[2] Die 1776 in England gegründete und bis 1791 bestehende, berühmte »Lunar Society« britischer Naturforscher, Gelehrter, Künstler und Schriftsteller hielt ihre monatlichen Sitzungen jeweils in einer Vollmondnacht ab, damit die Mitglieder im Mondlicht heimkehren konnten. Zu den »Lunatikern« gehörten unter anderem Erasmus Darwin, James Watt, John Baskerville und Joseph Priestley. Sie alle waren wissenschafts- und erfindungsbegierig.

Tage *nach* Neu- oder Vollmond. Das entspricht der Verzögerung des Gezeitenzyklus im dortigen Gebiet. Unsere Daten lassen sich auf ein Gebiet nur nach vorheriger Gebietsuntersuchung generalisieren. Wobei natürlich an jedem Ort andere Spitzenzeiten zu erwarten sind.

Die spezifische Rolle des geographischen Ortes ist noch unklar.

Mit weit über die Welt verteilten Untersuchungen ließe sich die Breiten- und Längengradwirkung auf die lunare Zeittaktung weiter klären. Vielleicht brächten sie eine Bestätigung der Wingschen Hypothese von der »Latitudinal-Passage« im Verhältnis zu zyklischen Phänomenen bei animalischen Populationen. An vielen Orten werden bereits Prospektivstudien des Tierverhaltens durchgeführt, so etwa von F. A. Brown, M. Klinskowa und D. S. P. Bisbee, und sie erweisen sich als nützlich. Die Kenntnis der Breiten- und Längengradwirkung auf diese Zyklen würden es Gelehrten verschiedener Bereiche ermöglichen, das Interface von Zyklus und Psyche genauer zu bestimmen.

In meiner psychiatrischen Praxis frage ich mich oft, in welcher Phase der Mond gerade steht. Vor allem bei der Behandlung geriatrischer Patienten habe ich festgestellt, daß es ihnen zu gewissen Zeiten schlechtgeht. Diese Zeiten habe ich mit der einen oder anderen atmosphärischen Störung verknüpfen können – Sonnenflecken, Koinzidenz kosmischer Zyklen, Neu- und Vollmond. Ich kann dann meinen Patienten versichern, daß ihre Symptome vorübergehender Natur seien, mit dem Wetter oder atmosphärischen Störungen zusammenhingen und sich bald legen werden. Zur Medikation von Patienten wegen solcher Symptome hatte ich noch keine Gelegenheit.

Ich habe festgestellt, daß ältere Altersgruppen für Störungen der geophysikalischen Umgebung generell anfälliger sind als jüngere. Ältere Menschen sind von Natur aus schwächer. Oft sind sie krank und haben schon den einen oder anderen Schlaganfall erlitten (auch hier sollten wir anmerken, daß Schlaganfälle mit atmosphärischen Störungen verbunden worden sind). Ihr allgemeiner Gesundheitszustand ist geschwächt, und sie sind anfälliger für alle Arten von Streß, einschließlich der subtilen kosmischen Belastungen.

Zu mir sind schon Patienten gekommen und haben gesagt: »Doktor, ich bin ein Mondmensch.« Sie sagen, bei Neu- oder Vollmond seien sie niedergeschlagen oder erregt. Sie sagen mir auch, bei Vollmond könnten sie nicht schlafen. Einige stehen in Vollmondnächten auf und wandern durchs Haus. Zu mir kommen Leute, die behaupten, sie könnten *allein aufgrund ihres Befindens* sagen, ob Neu- oder Vollmond herrsche.

Einige von denen, die das Gefühl haben, vom Mond beeinflußt zu werden, sind sich auch bewußt, daß sie zu Gewalt neigen. Mir haben Leute geschrieben, die wegen eines Gewaltverbrechens im Gefängnis einsitzen. Sie möchten verstehen, was sie in einer bestimmten Situation die Beherrschung verlieren ließ. Wenn es überhaupt eine Möglichkeit gibt, wie sie ihre Stimmungen stabilisieren und sich selbst vor Gewaltverhalten schützen können, dann möchten sie sie kennenlernen. Unsere Feststellungen könnten sich für solche Menschen als nützlich erweisen.

Nun hat die irrationale Gewalt natürlich eine fast unübersehbare Zahl von Ursachen. Wir haben lediglich eine signifikante Variable entdeckt, die in gewissem Grade vorhersagbar ist. Wenigstens diese sollte jeder kennen.

Es wäre nützlich, wenn die allgemeine Öffentlichkeit von unseren Feststellungen erführe. Menschen, die über Hochrisikozeiten Bescheid wissen, sollten dann starken Alkoholkonsum meiden. Sie sollten alle Waffen, die sie besitzen, wegschließen. Beim Autofahren sollten sie äußerst vorsichtig sein.

Wenn ein größeres Zusammentreffen kosmischer Zyklen bevorsteht und die Einwohner unruhig werden, nehmen meine Familie und ich Zuflucht zu einem einfachen Vorbeugungsmittel. Zu Hause sitzen und ein Buch lesen, ist ein relativ sicherer Zeitvertreib.

Angesichts der Verbreitung meiner Forschungsergebnisse wird es sicher Leute geben, die, wenn man sie nach einem abscheulichen Verbrechen ins Gefängnis schleppt, in den Ruf ausbrechen: »Der Mond ist schuld, nicht ich.« Es gibt immer Menschen, die die Verantwortung für ihr Verhalten nicht übernehmen wollen. Sie stecken es allem und jedem in die Schuhe. Eine Reihe von Rechtsanwälten, die Mörder und andere Gewaltverbrecher verteidigen, haben mit mir Verbindung aufgenommen auf der Suche nach einer Verteidigungsstrategie, die ihren Klienten verminderte Schuldfähigkeit bescheinigt. Ich möchte hier ohne alle Umschweife erklären, daß meine Versuche keinerlei Beweis für eine ausgeprägte Anfälligkeit einzelner auf kosmische Einflüsse erbracht haben. Alle meine Studien waren und sind korrelativer Natur. Mordstatistiken sind lediglich als Datengruppe über viele Jahre angelegt worden. Es gibt keinen wissenschaftlichen Beweis, der eine Verteidigung namens verminderter Verantwortlichkeit stützen würde. Dies wäre eine Fehlanwendung und ein Mißbrauch meiner Forschungsergebnisse.

Es dürfte auf der Hand liegen, daß es für die Anwendung lunaren Wissens in der ganzen Gesellschaft breitgefächerte Möglichkeiten gibt. Die Kosmobiologie ist eine neue Wissenschaft. Wir dürfen in der Zukunft mit vielen interessanten Entwicklungen rechnen, die wiederum zu weiteren Anwendungen führen werden. Im jetzigen Zeitpunkt teilen sich die wichtigsten Anwendungen des Materials in zwei Klassen. Zum einen gibt es die Anwendung auf sozialer Basis. Dazu gehört das Aufmerksammachen städtischer Dienstleistungsbetriebe auf kosmische Koinzidenzen, damit sie für eine zusätzliche Arbeitslast gerüstet sein können. Die zweite Anwendung ist individuell. Wenn wir eine Zeit kosmischer Belastung oder das Zusammentreffen kosmischer Zyklen voraussehen, sollten einfache Vorkehrungen getroffen werden, damit wir nicht zur falschen Zeit mit der/den falschen Person(en) am falschen Ort sind. Zu solchen Zeiten sollte man vielleicht nicht gerade planen, sich durch dichtesten Großstadtverkehr durchzuwühlen oder den Chef um eine Gehaltserhöhung zu bitten.

Barbara Svens, Leiterin des Gesundheitsdienstes am Franklin Pierce College in Rindge, New Hampshire, hat eine lunare Zeittakt-Studie vorgenommen. Sie meint, bestimmte Arten der Unterhaltung sollten lieber während der Mondviertel angesetzt werden als bei Voll- oder Neumond. Während der Mondviertel seien die Menschen ruhiger. Ein einfaches Beispiel sei, Rock-Bands »und andere Aufregungen« für ruhige Zeiten im Monat zu verpflichten. Einmal fand in Boston bei Vollmond ein Freiluft-Rockkonzert statt. Die Folgen waren so verheerend, daß die Stadtverwaltung weitere Konzerte verbot. Barbara Svens fragt zu recht: Wäre das Konzert ebenso verheerend verlaufen, wenn es im ersten Mondviertel anstatt bei Vollmond stattgefunden hätte?

Das Schlüsselwort heißt »Timing« (oder Zeittaktung, wie wir es bislang meist übersetzten). Mit richtigem Timing und ein bißchen Vorsicht können wir lernen, mit den kosmischen Kräften und unserer natürlichen Umgebung in Harmonie zu leben.

In welchem Maße regieren kosmische Faktoren (wie andere bestimmende Faktoren im Leben) unser Schicksal? Innerhalb gewisser Grenzen können wir unser Leben frei steuern. Aber das ist nicht ganz einfach. Der Mensch hat beschlossen, sich anders zu sehen als die niederen Tiere, denn er hält sich zur Selbstbestimmung fähig.

Nun können tatsächlich nur wenige die Richtung ihres Lebens wirklich bestimmen. Selbstbestimmung setzt ungemein viel Energie, Aktion und Motivation voraus. Nur wer seine Grundanlagen und -triebe zu erkennen, mobilisieren und integrieren versteht, kann relative Willensfreiheit erreichen. Die Ergebnisse meiner Forschung deuten darauf hin, daß selbst jene, die das Glück hatten, eine gewisse Eigenständigkeit zu erlangen, den Wechselfällen der natürlichen geophysikalischen Umgebung stärker unterliegen, als sie gerne zugeben. Wer die Grenzen der Freiheit erkennt und akzeptiert, der kann in und an ihnen tätig werden und so sein menschliches Potential optimal nutzen.

Mit anderen Worten: Wir sind nur so lange frei, als wir die Grenzen unserer Freiheit erkennen und akzeptieren. Hierin liegt das Dilemma des freien Willens, im Einklang mit dem Universum zu handeln: Wie können wir Grenzen akzeptieren und sie dennoch auf andere Weise übersteigen? Allein mit der schieren Vernunft können wir nicht glatt durchs Leben zu steuern hoffen. Um uns ein solides Urteil zu bilden, müssen wir oft auf Gefühle und Intuitionen zurückgreifen. Doch je mehr wir unsere Grenzen kennen, desto freier sind wir paradoxerweise, weil wir weniger Zeit damit verlieren, uns in Sackgassen zu verlaufen.

Der Mond ist eine der vielen subtilen kosmischen Kräfte, die durch ihre Konstellation bei der Geburt den Gesamtrahmen unserer biologischen Rhythmen bestimmen und uns das Muster liefern, in das wir unser Leben mit dem Universum einklinken sollten. Desgleichen kann er auf Körper und Geist einen Sog ausüben, der sich nicht leugnen läßt.

Aus meiner eigenen Arbeit und aus einer Sammlung anderer einschlägiger Studien habe ich sehr viel Beweismaterial und zugleich viel Spekulation über eine wissenschaftliche Ergründbarkeit des Mondeinflusses zusammengetragen. Faszinierende Möglichkeiten tun sich auf. Dennoch steckt die Wissenschaft in diesem Bereich noch in den Kinderschuhen. Manchmal auch leidet sie unter dem, was Jung den »verheerenden Einfluß der Statistik« genannt hat. Wenn wir Wissenschaftler eine Sprache und Methoden finden, die etwas anderes sind als bloße Zahlen und flüchtige Beschreibungen, dann können wir ein dynamisches Gefühl für den Mond in unser Leben und unsere Arbeit integrieren.

11
Neuere Forschung

Vor fünfundzwanzig Jahren wurden die Ergebnisse der ersten Untersuchung von Tötungsdelikten im Verhältnis zu den Mondphasen das erste Mal auf einem internationalen Symposium vorgetragen.

Seit der Veröffentlichung von *The Lunar Effect*, der ersten Version dieser Abhandlung, sind achtzehn Jahre vergangen. Als man mich bat, das damalige Material für das vorliegende Buch zu überarbeiten und zu ergänzen, stellte sich zu meiner Überraschung heraus, daß nur ganz wenig zu ändern war. Die meisten früheren Erkenntnisse treffen auch heute noch zu, und vieles in der Zwischenzeit Entdeckte paßte bequem in den damaligen theoretischen und spekulativen Rahmen.

Vor etwa zehn Jahren schenkte ein dankbarer Patient der Psychiatrieabteilung meines Krankenhauses eine Geldsumme für Forschungszwecke. Als Abteilungsleiter konnte ich über den Einsatz des Geldes bestimmen. Ich hielt es für an der Zeit, wenigstens die eine Hälfte der Studie von 1972 über Tötungsdelikte wiederholen zu lassen. Also verpflichtete ich einen Forschungsassistenten und begann die Daten der Tötungsdelikte in Dade County (Florida) und Cuyahoga County (Ohio) für die Jahre 1971–1980 zu sammeln. Das war insofern nicht einfach, als in beiden Bezirken die automatisierten Verfahren der Datenerfassung nicht kontinuierlich weitergeführt worden waren. Die Daten für Dade mußten buchstäblich von Hand aus riesigen Archivbänden im Amt des Leichenbeschauers herausgeholt werden. Es dauerte Monate, bis die Daten für Dade kopiert, nachgeprüft und in den Computer eingespeist waren. Ich reiste nach Cleveland und kopierte die Lochkarten des Amtes des Untersuchungsrichters für gewaltsame Todesfälle in Cuyahoga. Beim Lesen der Daten gab es Schwierigkeiten; schließlich erfuhr ich, Anfang 1976 sei das Datenerfassungsformat in Cuyahoga umgestellt worden, und nach dieser Veränderung seien die Lochkarten nicht mehr nachgeprüft worden. Der Prozentsatz von Fehllochungen war so hoch, daß die Daten praktisch nutzlos waren. Da es mir unmöglich war, einen Studenten oder Forschungsassistenten zu finden, der bereit gewesen wäre, mehr als dreitausend Akten von Tötungsdelikten zu kopieren und für jeden Einzelfall die Tatzeit nachzuprüfen, mußte ich mit der Analyse der bloßen Daten für Dade County vorliebnehmen.

Die Daten der Tötungsdelikte in Dade von 1971 bis 1980 (2714 Fälle) wurden wie in der vorigen Studie nach Mondphasenabständen unterteilt. Eine Pierson-Chi-Quadrat-Analyse mit 29 Grad Toleranz ergab eine hohe Signifikanz ($p < 0,005$); die Verteilung der Fälle auf die Lunarphasenabstände war nicht zufällig. Doch als wir die Rohdaten graphisch aufzeichneten, waren die Spitzen bei Neu- und Vollmond verschwunden. Wir fanden einen Spitzenwert etwa auf halbem Weg zwischen Neumond und erstem Mondviertel. Nachdem die Daten mit einer Durchschnittsverschiebung von 3 Punkt geglättet waren und wieder eingetragen wurden, ergab sich eine sinusförmige Kurve, die in der ersten Hälfte des synodischen Monats eine verstärkte Häufigkeit von Tötungsdelikten und in der zweiten Hälfte eine generell schwächere Häufigkeit zeigte. Es war dasselbe Bild, das die geglätteten Tötungsdeliktdaten zwischen 1956 und 1970 (1887 Fälle) abgegeben hat-

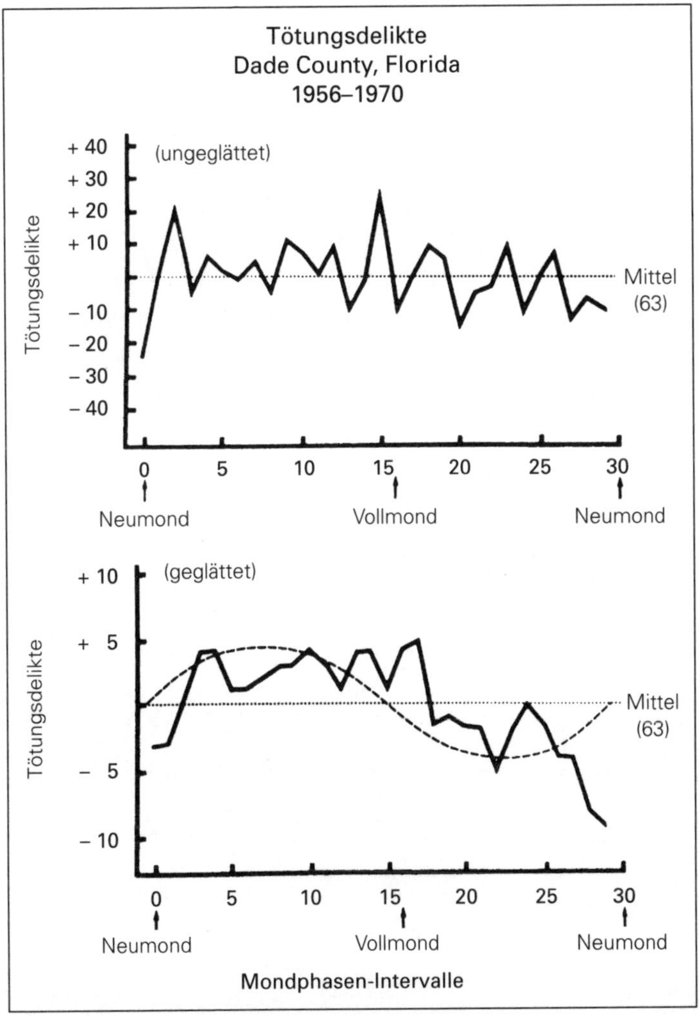

ten. Als wir die bei den Datenpakete zu einer Fünfundzwanzigjahres-Gesamtübersicht (4601 Fälle) kombinierten, glichen die Rohdaten dem größeren Paket von 1971 bis 1980; die Neu- und Vollmondspitzen waren eingeebnet. Die geglätteten Daten für die fünfundzwanzig Jahre wiesen dieselbe sinusförmige

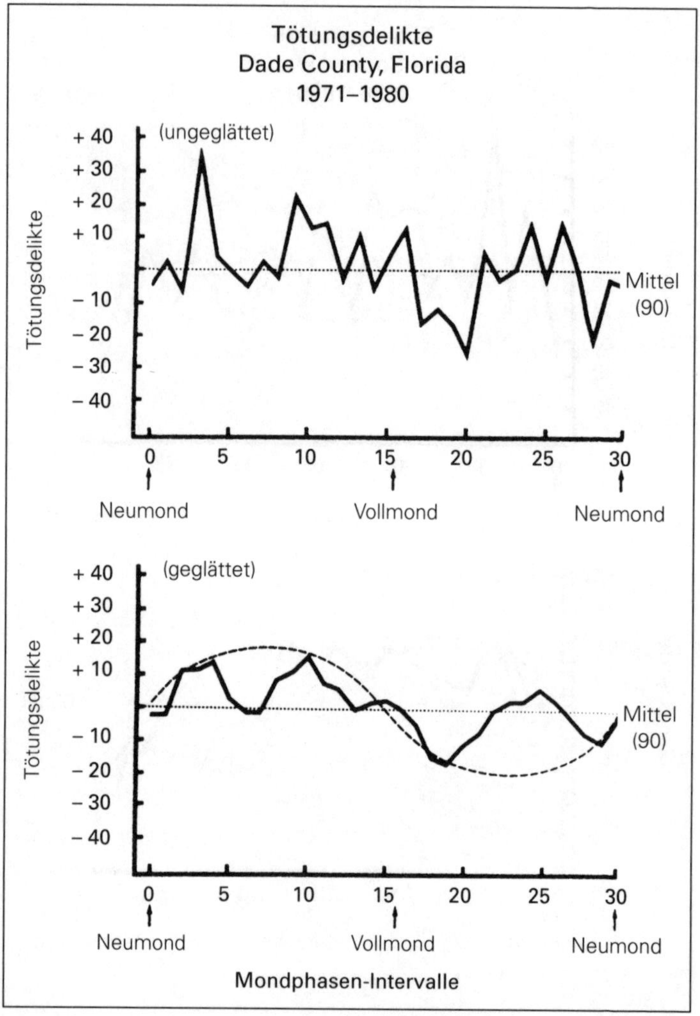

Kurve auf, die sich auch in den Hälftenaufzeichnungen gezeigt hatte. Der Chi-Quadrat-Wert der Häufigkeitsverteilung der fünfundzwanzig Jahre war hochsignifikant ($p < 0{,}001$) und deutete wieder darauf hin, daß sich die Tötungsfälle nicht zufällig auf den ganzen synodischen Zyklus verteilten.

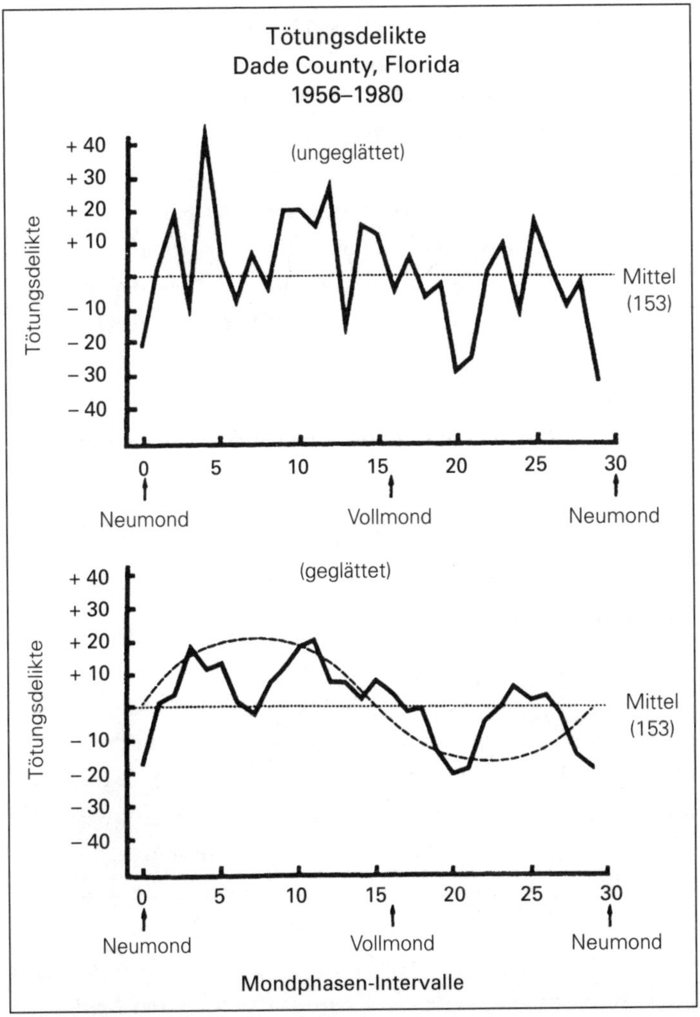

Was bedeutete das alles? Was geschah mit den Neu- und Vollmond-Spitzen? Ist der lunare Effekt ein Humbug, wie skeptische Beobachter behaupten?
Bei näherer Betrachtung stellen wir fest, daß die biologische Gezeiten-Theorie und die Kenntnis der relativen Stärke und

Launenhaftigkeit gesellschaftlicher Periodizitäten logische Antworten auf diese Fragen liefern.
Wir wissen, daß die Sonnen-Periodizitäten (Woche, Jahreszeit, Jahr) und die sozialen Periodizitäten (Feiertage, Zahltage, wiederkehrende kulturelle/ethnische Ereignisse wie Festlichkeiten, Paraden, Karneval, Sportereignisse usw.) viel stärker sind als die relativ schwachen, aber anhaltenden lunaren Rhythmen, die eine Grundkomponente aller biologischen Funktionen in allen irdischen Organismen einschließlich des Menschen sind.
Diese stärkeren Periodizitäten stehen laufend in Wechselwirkung zu den viel schwächeren lunaren Rhythmen und können sie modulieren (kleiner machen), aber nicht ausschalten.
In Dade County war die Gemeinde in den Jahren 1956 bis 1970 stabil, relativ ruhig und still. Die Wirtschaft war weitgehend auf den Tourismus abgestellt, und die ethnische Mischung bestand aus weißen Angloamerikanern und Schwarzen aus dem Süden, die relativ gut miteinander auskamen. Die Mordrate war für eine Großstadt klein und variierte nur geringfügig von Jahr zu Jahr. Als wir die Tötungsdaten für diesen Zeitraum analysierten, ergab sich eine deutliche, signifikant gezeitenbezogene Periodizität – die Spitzenwerte für Mord entsprachen den Gezeitenmaxima sehr genau.
Im siebziger Jahrzehnt trat in der Bevölkerung und dem Lebensstil von Dade County eine drastische Veränderung ein: chaotisches Wachstum, sozioökonomische Unruhen und eine pfeilschnell hochschießende Kriminalität machten Schlagzeilen. Es gab Rummeltage der Cocaine-Cowboys, ein Schiff wurde gekapert, es kam zur einer unkontrollierten multiethnischen Einwanderung, und Rassenaufstände waren an der Tagesordnung. Kurzum, es kam zu vielerlei Erschütterungen, in der Bevölkerung, im Geschäftsleben, und Gewaltverbrechen grassierten. Ende der siebziger Jahre hatte sich infolge der sozio-

kulturellen Auswirkungen die jährliche Mordrate praktisch verdoppelt. Drogenbezogene Exekutionen und Schießereien, rassisch motivierter Totschlag und Mord/Selbstmord unter Familienmitgliedern oder Liebespartnern lateinamerikanischer Kultur, die unter zwanghafter Eifersucht oder Zurückweisungserscheinungen litten, waren an der Tagesordnung.

Bei unserer Untersuchung der Tötungsdaten für die Jahre 1971 bis 1980 mußten wir davon ausgehen, daß die gesellschaftlichen Erschütterungen auf die schwächeren lunaren Periodizitäten modulierend oder dämpfend einwirkten, die wir zuvor in stabilerer Zeit erkannt hatten.

Ein weiterer modulierender Mechanismus schlug sich in unserem Fünfundzwanzigjahrespaket nieder, zu dem wir unsere Daten aus den beiden Studienhälften kombiniert hatten. Man erinnere sich an meine Bemerkungen über die Aufzeichnung der tierischen Stoffwechselaktivität im Labor des verstorbenen Dr. Frank Brown; die Zufallsverteilung der Phasenumkehrphänomene und die Aktivitätsabnahme bei Gezeitenhochstand hatten dort zu dem Konzept der positiven oder negativen Aufnahmebereitschaft für Umgebungsstörungen geführt, die dann in die biologische Gezeiten-Theorie einging. Über einen langen Zeitraum kann das Zufallsauftreten einer Phasenumkehr bei Neu- und Vollmond die Spitzenaktivität verändern oder verdunkeln. Tatsächlich sagt die Theorie diese Veränderung oder Verdunkelung von Gezeitenspitzen voraus. Dieselben beiden Modulationsfaktoren können teilweise die in der Literatur anzutreffenden negativen Feststellungen und Nichtwiederholbarkeiten erklären.

Einige Autoren glauben die biologische Gezeiten-Theorie diskreditiert zu haben. Diese Behauptung beruht auf statistischer Polemik und der Unfähigkeit zu begreifen, daß mikroskopische Veränderungen von Feldkräften *unter gewissen*

Umständen zu massiven Verhaltenskonsequenzen führen können. Wie dem auch sei – das Konzept der menschlichen biologischen Gezeiten erfreut sich guter Gesundheit und hat sich in Wirklichkeit ins Bewußtsein der allgemeinen Öffentlichkeit gegraben. Wieder und wieder habe ich gehört, wie das Thema sowohl öffentlich als auch in akademischen Kreisen diskutiert wurde und jemand die biologische Gezeiten-Theorie zitierte, als sei sie ein Evangelium. Daß das Konzept allgemein akzeptiert ist, daran besteht kein Zweifel. Die Hypothese hat viele Anfechtungen überstanden, und laufend erscheinen in der Literatur neue Beweise. In den vergangenen Jahren haben zwei logisch damit zusammenhängende Theorien ihre wissenschaftliche Bestätigung erhalten. Die eine ist Einsteins einheitliche Feldtheorie, die mittlerweile als erwiesen gilt, die andere ist die (früher als Chaos-Theorie bekannte) Komplexitätstheorie, die uns das Wesen der episodischen Turbulenzen in der natürlichen Umgebung verstehen hilft. Die Komplexitätstheorie wurde mit der Entwicklung der neuen Mathematik nachweisbar, die im Raum-Zeit-Kontinuum auftretende Schwankungen aufspüren kann. Wir besitzen heute statistische Parameter, die schmiegsam genug sind, um die von uns untersuchten Phänomene messen zu können. Nun darf jeder raten, wie lange die traditionsverbundenen Mathematiker und Physiker noch brauchen werden, bis sie sich zur Verwendung dieser neuen Mathematik entschließen. Wenn sie so engherzig sind wie ein paar Forscher, die wir kennen, kann das noch viele Monde dauern.

Wie steht es heute um einige Konzepte, die wir auf unserer Forschungsreise untersucht haben? Der Mechanismus der biologischen Uhr ist, wie wir inzwischen wissen, an bestimmten »Oszillator«-Zellen lokalisiert, die im suprachiasmatischen Nukleus des Hypothalamus liegen. Diese Zellen

sind neuronal durch den Hirnstamm und das Rückenmark mit der Zirbeldrüse verbunden.
Diese Drüse übt über die Abgabe von Melatonin und Serotonin modulierend auf den Schlaf-Wach-Zyklus, die Körpertemperatur und den Sexualzyklus ein. Die Zirbeldrüse besitzt auch eine Rückkoppelungsschleife, die die Aktivität der Oszillatorzellen des suprachiasmatischen Nukleus reguliert. Die spezialisierten Oszillatorzellen regulieren vielleicht *alle* unsere biologischen Rhythmen. Neuerdings sind Anhaltspunkte dafür gefunden worden, daß die Zirbeldrüse für geomagnetische Einflüsse empfindsam ist und sie widerhallt. Der Geogmagnetismus läßt sich mit hochempfindlichen Instrumenten unmittelbar messen. Der amerikanische Wetterdienst mißt täglich die geomagnetische Aktivität und verzeichnet sie als »K-Index« und »Kp-Index«. Diese Indizes werden von Forschern zur Korrelation mit biologischen und Verhaltensfunktionen benutzt. Sie haben lunare Zusammenhänge festgestellt (unter anderem Gilbert, Persinger).
Der extrinsischen und intrinsischen Zeittaktung von Körperrhythmen wird je in etwa die gleiche Bedeutung zugebilligt. Mit beiden Bereichen hat sich die Forschung näher befaßt und festgestellt, daß beide für eine harmonische Koordination der biologischen Funktionen wesentlich sind. Wie so oft, wenn widerstreitende Schulen widerstreitende Vorstellungen vertreten, liegt die Wahrheit irgendwo in der Mitte. Ein Beispiel dafür ist die Prospektivforschung während der Erdumrundungen von Spacelab I im Jahre 1983. Die Autoren eines Artikels in der Zeitschrift *Science*, die darüber berichteten, waren Verfechter der Hypothese von der intrinsischen Zeittaktung. Der einfache Mikroorganismus Neurospora wurde auf Glasröhrchen aufgebracht, die dann in einem schaumgepolsterten Behälter versiegelt an Bord von Spacelab gebracht wurden. Auf der Erde erzeugt Neurospora

in einem klar ersichtlichen Vierundzwanzigstundenzyklus Konidienringe[1] (diese reflektieren eine vegetative Sporenbildung). Im Orbit ohne Schwerkraft und Licht setzte sich das Muster zunächst fort, geriet dann aber in einigen Röhrchen in Unordnung. Der Behälter wurde etwa auf der Hälfte des Fluges geöffnet, Messungen wurden vorgenommen und aufgezeichnet, danach wurde der Behälter wieder versiegelt. Als man ihn auf der Erde wieder öffnete, hatten die Neurospora ihren normalen Konidationsrhythmus wieder aufgenommen, nachdem sie während des Flugs der beleuchteten Kabinenumgebung ausgesetzt worden waren.

Offenbar war in Abwesenheit aller äußeren Zeittaktanhaltspunkte (Licht und Schwerkraft) ihre biologische Uhr abgelaufen. Durch die Lichtumgebung der Kabine wurde sie wieder aufgezogen. Die Autoren des *Science*-Artikels räumten ein, daß nach dem Ablauf zu schließen, sowohl die intrinsische als auch die extrinsische Zeittaktung der ausschlaggebende Faktor für ein normales rhythmisches Funktionieren sein konnte.

Die Spacelab-Untersuchung ergänzt frühere Studien von L. E. Miles und anderen vom Schlaflabor der Stanford University. Ihre blinde Versuchsperson nahm, als sie von allen sozialen und solaren Zeitanhaltspunkten isoliert war, in allen gemessenen biologischen Funktionen (Schlaf, EEG, Körpertemperatur, Harnsteroide, Blutchemie) einen lunaren Rhythmus an. Dr. Miles sagte mir, diese bemerkenswerte Feststellung sei von anderen Forschern repliziert worden. Offenbar kann sich jeder Organismus bis hin zum Menschen, wenn er vom einen oder anderen subtilen Umgebungsstimulus abgeschottet wird, in jeden anderen verfügbaren Stimulus einklinken, um seine rhythmischen Funktionen zu organisieren.

[1] Konidien sind ungeschlechtlich entstehende Verbreitungskörper von Pilzen. Sie entstehen entweder durch Zellumwandlung oder neu durch Zellsprossung. (Anm. d. Übers.)

Im Oktober 1978, kurz nach Erscheinen der britischen Ausgabe von *The Lunar Effect*, lud mich Dr. Margaret Klinsowa zu einem Vortrag vor den Anatomie- und Neurologieabteilungen der Universität Cambridge ein. Nach dem Vortrag blieben mehrere Forscher und diskutierten diverse Aspekte des Materials, das ich vorgetragen hatte. Ein besonders aufgeweckter junger Forscher fragte mich: »Welche Vorteile, wenn es überhaupt welche gibt, gewinnt der Mensch durch seine Fähigkeit, mit subtilen lunaren Einflüssen mitzuschwingen?« Ich dachte lange nach und sagte dann: »Die Reaktionsfähigkeit des Menschen auf die subtilen und allgegenwärtigen lunaren Wirkungen liefert uns eine Option für das Überleben der Spezies.« Um weiteren Aufschluß gebeten, fuhr ich fort: »Dank unserer angeborenen Aufnahmefähigkeit für diese unmerklichen Einflüsse besitzen wir in uns einen Mechanismus für das Überleben unter widrigsten irdischen Umständen. Nehmen wir einmal an, es käme irgendwann in der Zukunft zu einem großen nuklearen Zusammenstoß. Die einzigen Überlebenden wären jene, die das Glück hätten, in unterirdische Bunker oder Höhlen weit unter der Erdoberfläche flüchten zu können. In einer so feindseligen Umwelt wären die solaren und gesellschaftlichen Zeittaktungen bald ausgeschaltet. Die einzigen Kräfte, die bis zum Erdkern durchdringen, sind die Schwerkraft und der Geomagnetismus. Da unsere Systeme in der Lage sind, mit diesen beiden Kräften mitzuschwingen, können wir unsere Körperrhythmen mit den ihrigen synchronisieren (wie es Dr. Miles' blinde Versuchsperson tat).
Unsere biologischen Uhren würden nicht wie die der Neurospora in Spacelab I ablaufen. Wenn die Körperrhythmen gestört sind, wird der Mensch krank und funktionsunfähig; die Fähigkeit, unsere Rhythmen mit der Schwerkraft und dem Geomagnetismus zu synchronisieren, verleiht uns eine entscheidende Option fürs Überleben.«

Fast zwei Jahrzehnte sind vergangen, seitdem ich erstmals darauf drang, in die Planung von biologischen und Verhaltensversuchen die lunare Zeittaktung einzubeziehen. Die Mondzeit ist eine unverzichtbare Komponente der biologischen Zeit und somit eine Variable in jeder biologischen Forschung. Soweit ich weiß, ist sie bisher noch nicht in sie einbezogen worden. Wenn man es tut, lassen sich Versuchsergebnisse leichter durch Wiederholung nachweisen, und die Erkenntnisse werden verläßlicher.
Alte Gewohnheiten sterben langsam. Manchmal ist die Tradition die Feindin des Fortschritts. Die Zeit wird uns den Zeitpunkt für den richtigen Zeitgeber weisen.

Weitere Literatur zum Thema

Appel, Walter. »Die Macht des Mondes. Wie man den Mondfluß testen und nutzen kann.« München 1989.

Armstrong, Neil, Collins, M. und Aldrin, E. E. jr. »Wir waren die Ersten.« Berlin 1970.

Braun, Werner von. »Die Eroberung des Mondes.« Frankfurt/Main 1954.

Broszath, Roswitha u. Stiens, Rita. »Die Lebenskraft des Mondes.« München 1994.

Calder, Nigel. »Das stürmische Universum.« Stuttgart 1970.

Dormagen, Christel. »Mond und Sonne. Über die Aufhebung der Geschlechter.« Hamburg 1994.

Fontbrune, Max de. »Was Nostradamus wirklich sagte.« Berlin 1983.

Graf, Claudia. »Leben mit dem Mond. Günstige Tage erfolgreich nutzen.« München 1995. – »Die zwölf Mondkinder. Was Mondzeichen über Charakter, Gefühlswelt und Entwicklung des Kindes aussagt.« München 1996.

Guiley, Rosemary F. »Der Mond-Almanach. Der Mond in Fakten, Mythen, Märchen und Geschichte.« München 1993.

Hammerle, Beatrix. »Die Kraft des Mondes.« Innsbruck 1994.

Heller, Horst P. »Die Landung auf dem Mond. Neil Armstrong, der erste Mensch auf dem Mond in Passau-Tittling.« Verlag Museumsdorf Bayrischer Wald 1989.

Hermann-Lisi, Christiane. »Mondnacht. Lunare Einflüsse auf das irdische Leben« München 1996.

Heuseler, Holger. »Der zweiten Erde auf der Spur. Signale aus unserem Sonnensystem.« Stuttgart 1974.

Linditsch, Jörg. »Das Mond ABC. Tips und Tricks für den Alltag.« München 1996.

MacBeth, Jessica. »Mondmeditationen. Die neue Schule der Meditation. Meditation als Weg.« München 1996.

Mielke, Eckehard. »Sonne, Mond und ... schwarze Löcher. Ein Streifzug durch die moderne Astrophysik.« Wiesbaden 1996.

Noé, Winfried. »Besser leben nach dem Mondlauf.« Niederhausen 1996.

Paungger, Johanna, und Poppe, Thomas. »Vom richtigen Zeitpunkt. Die Anwendung des Mondkalenders im täglichen Leben.« München 1996.

Probst, Hannes. »Der immerwährende Kalender der Mondkraft.« Niederhausen 1997.

Roscher, Michael. »Der Mond. Astrologisch-Psychologische Entwicklungszyklen. Eine Einführung in die Transpersonale Astrologie.« München 1992.

Ruekl, Antonin. »Mondatlas.« Hanau 1990.

Velikovsky, Immanuel. »Welten im Zusammenstoß. Kosmische Katastrophen schufen unsere Welt.« Berlin 1994.

Weinmann, Ulrike. »Mythos Mond. Die vielen Gesichter des Erdtrabanten.« Thales 1991.

Wohlgenannt, Hermann. »Der Mond. Seine Bedeutung in der Astronomie und im Volksglauben.« Teutsch 1991.

York, Ute. »Mondstrahlen. Ein praktischer Ratgeber zur Nutzung der geheimnisvollen Kräfte des Mondes.« München 1995.

Zacker, Christina. »Mondphasen.« München 1996.

Personen- und Sachregister